1./2. Klasse

Kompetenzen Mathematik

Größen und Messen • Daten, Häufigkeiten und Wahrscheinlichkeiten

Bildnachweis

Illustration S. 34 (Mädchen auf Fahrrad): Julia Gerigk
alle anderen Illustrationen: Claudia Bichler

weitere Abbildungen

S. 1: Münzen: © FedotovAnatoly. Shutterstock

S. 10: Puzzle: © Gyva Fotografija. Shutterstock; Zug aus Holz: © Ivonne Wierink. Shutterstock; Puppe: © Peter Vanco. Shutterstock; Bücherstapel: © davidfranklinstudioworks. 123rf.com; Spielzeugautos: © Peter Albrektsen. Shutterstock; Shirt: © NYS. Shutterstock; Kleid: © pzAxe. Shutterstock; Hose: © Irina Rogova. Shutterstock; Mäppchen: © IB Photography. Shutterstock; 2 Bücher: © Iakiv Pekarskyi. Shutterstock; einzelnes Buch: © Bonee. Shutterstock; 3 Bücher: © 123rf.com

S. 14: Baum: © 123rf.com; Schere: © milkakotka. 123rf.com; Klebestift: © alexandkz. 123rf.com; Tür: © safakcakir. Shutterstock; Lkw: © Rob Wilson. Shutterstock; Malkasten: © Madis Uudam. Shutterstock; Hand: © Dan Kosmayer. Shutterstock; Schiefer Turm von Pisa: © Lukiyanova Natalia/frenta. Shutterstock

S. 15: Nashorn: © gualtiero boffi. Shutterstock; Affe: © Eric Isselee. Shutterstock

S. 18: Pinsel: © Banana Republic images. Shutterstock; Radiergummi: © 123rf.com; Klebefilm: © Stock Up. Shutterstock; Bleistift: © studioVin. Shutterstock

S. 19: Jacke: © Karkas. Shutterstock; Badehose: © Nadia Cruzova. Shutterstock

S. 21: Wecker: © Lisa S.. Shutterstock; Schwimmbad: © Alise Jastremska. Shutterstock

S. 23: Paprika: © Ruslan Kuzmenkov. Shutterstock; Bananen: © Maks Narodenko. Shutterstock; Äpfel: © naiyanab. 123rf.com; Gurke: © Lubos Chlubny. 123rf.com; Ananas: © Alex Staroseltsev. Shutterstock; Salat: © Gavran333. Shutterstock; Kartoffeln: © Peter Jochems. Shutterstock; Melone: © Maks Narodenko. Shutterstock

S. 27: Würfel: © wavebreakmedia. Shutterstock

S. 32: Erdbeerkuchen: © dianazh. 123rf.com; Geburtstagskuchen: © Elenathewise/iStockphoto; Schokokuchen: © tiler84. 123rf.com; Apfelkuchen: © sergiymolchenko. 123rf.com; Käsekuchen: © taratata. 123rf.com; Kringelkuchen: © natalyka. 123rf.com

S. 35: Obstteller: © Tudor Photography. Pearson Education Ltd

S. 44: Pizzen: © bombuscreative/iStockphoto

S. 45: Gummibären: © Jiri Hera. Shutterstock

S. 49: Schlüssel: © Ingvar Bjork. Shutterstock

Geldscheine im gesamten Band: ProMotion - Fotolia.com

© 2019 Stark Verlag GmbH
www.stark-verlag.de

Das Werk und alle seine Bestandteile sind urheberrechtlich geschützt. Jede vollständige oder teilweise Vervielfältigung, Verbreitung und Veröffentlichung bedarf der ausdrücklichen Genehmigung des Verlages. Dies gilt insbesondere für Vervielfältigungen, Mikroverfilmungen sowie die Speicherung und Verarbeitung in elektronischen Systemen.

Inhalt

Vorwort
Durchblicker-Abzeichen

Übungssets – Größen und Messen		**1**
Niveau A		
1	Geldbeträge erkennen und darstellen, Zeitspannen einschätzen, Uhrzeit lesen und einschätzen	3
2	Geldbeträge ordnen, Rechnen mit Geld, Geldwerte einschätzen, Rechnen mit Zeitmaßen, Uhrzeit lesen und darstellen	5
3	Rechnen mit Geld, Geldwerte einschätzen, Uhrzeit lesen, Rechnen mit Zeitmaßen, Wochentage bestimmen, Stundenplan lesen	7
4	Rechnen mit Geld, Uhrzeit lesen, Kalender lesen, Rechnen mit Zeitmaßen	10
Niveau B		
1	Geldbeträge erkennen und darstellen, Rechnen mit Geld, Geldwerte einschätzen, Längen einschätzen, ordnen und messen, Rechnen mit Längen, Zeitmaße einschätzen, Rechnen mit Zeitmaßen	13
2	Rechnen mit Geld, Zeitspannen einschätzen, Uhrzeit lesen und darstellen, Längen einschätzen und messen	16
3	Rechnen mit Geld, Geldbeträge darstellen, Längen einschätzen und messen, Rechnen mit Längen, Uhrzeit lesen, Rechnen mit Zeitmaßen, Kalender lesen	19
4	Rechnen mit Geld, Rechnen mit Zeitmaßen, Längen zeichnen, Informationen aus einer komplexen Sachsituation entnehmen	23

Übungssets – Daten, Häufigkeiten und Wahrscheinlichkeiten   **27**

Niveau A

1. Wahrscheinlichkeiten erkennen und darstellen, Strichlisten lesen 29

2. Wahrscheinlichkeiten erkennen, Strichlisten erstellen, Säulendiagramm lesen 30

3. Kreisdiagramm lesen, Wahrscheinlichkeiten einschätzen, Säulendiagramm lesen 32

4. Strichlisten erstellen und lesen, Wahrscheinlichkeiten erkennen, Kombinatorik 34

Niveau B

1. Wahrscheinlichkeiten erkennen und darstellen, Säulendiagramm lesen 36

2. Strichlisten lesen, Wahrscheinlichkeiten erkennen und darstellen, Kombinatorik 38

3. Strichlisten lesen, Säulendiagramm erstellen, Tabellen ergänzen, Wahrscheinlichkeiten erkennen, Kombinatorik 41

4. Kreisdiagramm lesen, Kombinatorik, Wahrscheinlichkeiten erkennen und darstellen .. 44

Lösungen   **49**

Größen und Messen

Niveau A 51
Niveau B 63

Daten, Häufigkeiten und Wahrscheinlichkeiten

Niveau A 79
Niveau B 88

Autorinnen:

Sabrina Andresen, Katja Kersten

Vorwort

Liebe Eltern, liebe Lehrkräfte,

mit diesem Buch können Schülerinnen und Schüler der 1. und 2. Klasse **prüfen**, ob sie alle Inhalte der **Kompetenzbereiche „Größen und Messen" und „Daten, Häufigkeiten und Wahrscheinlichkeiten"**, die in diesen Jahrgangsstufen unterrichtet werden, sicher beherrschen. Sie können den Stoff außerdem **wiederholen** und **üben**. Die Aufgaben sind in 16 **Übungssets** gegliedert, die als Arbeitsblätter oder Tests genutzt werden können.

Die verschiedenen Niveaustufen ermöglichen **binnendifferenziertes Lernen**. Auf **Niveau A** werden die Kinder noch mehr an die Hand genommen. So geht es im Bereich „Größen und Messen" beispielsweise um die richtige Erfassung von Geldbeträgen und Uhrzeiten sowie den Aufbau eines Zeitgefühls. Im Bereich „Daten, Häufigkeiten und Wahrscheinlichkeiten" stehen die Erstellung von Strichlisten, das Lesen von Säulendiagrammen sowie einfache Zufallsexperimente im Vordergrund. Der Zahlenraum reicht bei Niveau A bis 20.

Die Übungssets auf **Niveau B** enthalten schwierigere Aufgaben, bei denen die Kinder selbstständiger arbeiten müssen. Zum einen wird der Bereich „Größen und Messen" um die Längeneinheiten erweitert, zum anderen kommt dem Erfassen von Rechnungen aus Sachsituationen ein höherer Stellenwert zu. Im Bereich „Daten, Häufigkeiten und Wahrscheinlichkeiten" sollen Wahrscheinlichkeiten visualisiert und zusätzlich kombinatorische Aufgaben mit unterschiedlichen Lösungsansätzen gelöst werden. Die sprachliche Begründung spielt bei allen Aufgabentypen zunehmend eine Rolle. Niveau B umfasst den Zahlenraum bis 100.

Niveau A bezieht sich also überwiegend auf den Stoff der 1. Klasse und Niveau B vor allem auf die Inhalte der 2. Klasse. Die Übungssets sollten jedoch **klassenstufenübergreifend** eingesetzt werden, um die Schülerinnen und Schüler ihren Leistungen entsprechend zu fördern und zu fordern. Hierfür steigt der Schwierigkeitsgrad der Aufgaben auch innerhalb der Niveaustufen kontinuierlich von Übungsset zu Übungsset an.

Kronen kennzeichnen besonders knifflige Aufgaben. Die Kinder können die Kronen auf der folgenden Seite sammeln und erhalten ein **Durchblicker-Abzeichen**, wenn sie alle Kronenaufgaben lösen konnten.

Die Schülerinnen und Schüler sollten die Aufgaben zunächst allein bearbeiten und ihre Ergebnisse möglichst selbstständig mithilfe der **Lösungen** im Buch kontrollieren. **Hinweise** helfen ihnen hier, den Lösungsweg nachzuvollziehen. Wenn danach noch etwas unklar ist, können Sie helfen.

Wir wünschen Ihnen und Ihrem Kind bzw. Ihren Schülerinnen und Schülern viel Spaß und Erfolg bei der Arbeit mit diesem Buch.

Sabrina Andresen   Katja Kersten

Durchblicker-Abzeichen

Kreise hier immer dann eine Krone ein, wenn du eine Kronenaufgabe lösen konntest. Bei diesen Aufgaben musst du besonders gut nachdenken.

Hast du alle 28 Kronen eingekreist? Super, du hast den Mathe-Durchblick und bekommst das Durchblicker-Abzeichen! Du kannst es ausschneiden und bunt anmalen.

Übungssets
Größen und Messen

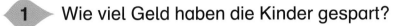

Übungsset 1

1 Wie viel Geld haben die Kinder gespart?

a) Schreibe den Betrag unter das Sparschwein.

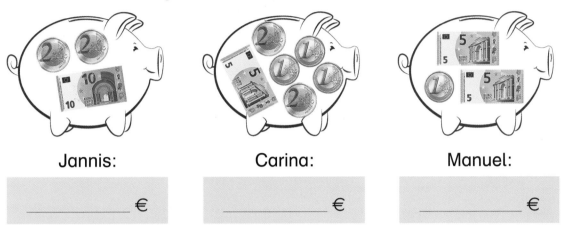

Jannis: _____ €

Carina: _____ €

Manuel: _____ €

 Wer hat das meiste Geld gespart?

_____

b) Zeichne den Betrag mit passenden Münzen oder Scheinen ein.

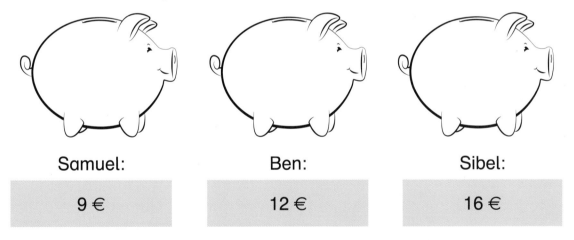

Samuel: 9 €

Ben: 12 €

Sibel: 16 €

 c) Finde drei verschiedene Möglichkeiten, wie du 10 € im Geldbeutel vorfinden kannst.

Größen und Messen • Niveau A • Übungsset 1

2 Wie lange dauert das? Schätze: Stunden oder Minuten? Verbinde.

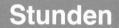
Stunden

Minuten

3 Wie spät ist es?

a) Bestimme die Uhrzeit. Schreibe jeweils beide Zeiten auf.

_____ Uhr   _____ Uhr   _____ Uhr   _____ Uhr

16 Uhr   _____ Uhr   _____ Uhr   _____ Uhr

b) Wann machst du was? Ordne die passenden Uhrzeiten aus Aufgabe a den Bildern zu:

Schulbeginn   Mittagessen   Spielen   Nacht

_____ Uhr   _____ Uhr   _____ Uhr   _____ Uhr

Größen und Messen • Niveau A • Übungsset 2

Übungsset 2

1 Ordne die Münzen und Scheine.

a) Schreibe die Werte richtig geordnet auf die Linien.

1 Cent < _____ < _____ < _____ < _____ < 20 Euro

b) Ordne die Geldbeträge. Beginne mit dem größten.

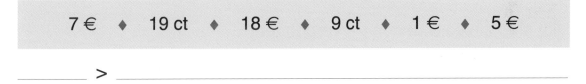

_____ > _____

2 In den Geldbeuteln sollen immer 15 € sein.

a) Wie viel fehlt? Zeichne dazu.

b) Was ist zu viel? Streiche durch.

3 Wer kauft was? Verbinde.

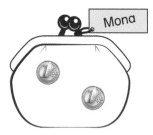

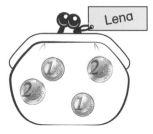

4 Hier sind einige Stunden (h) vergangen.

a) Schreibe die Zeitspanne über den Pfeil.

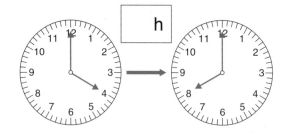
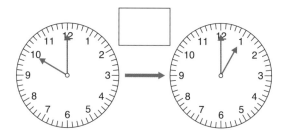

b) Zeichne die fehlende Uhrzeit ein.

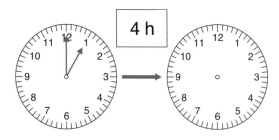
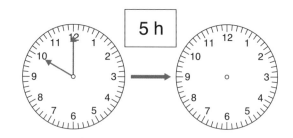

c) Zeichne die fehlende Uhrzeit ein.

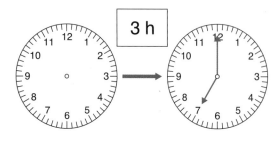
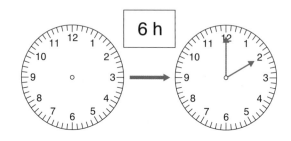

Übungsset 3

1 Wie viel Geld ist es? Trage ein.

a)

1	2	5	10	Gesamt
III	II	I	–	Cent
I	II	I	I	Cent
–	I	I	I	Cent
III	III	–	I	Cent

b)

1	2	5	10	Gesamt
II	II	II	–	Euro
–	II	I	I	Euro
IIII	–	I	I	Euro
–	IIII I	I	–	Euro

2 Wie viel Geld war im Geldbeutel? Zeichne ein.

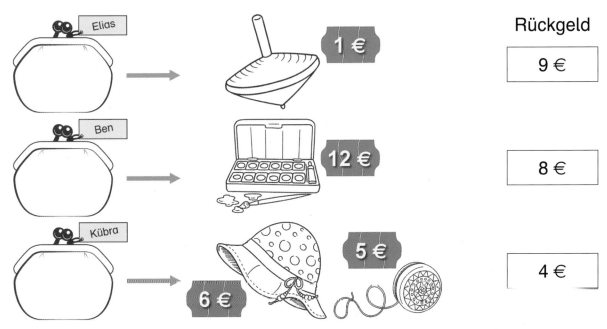

Rückgeld

9 €

8 €

4 €

Größen und Messen • Niveau A • Übungsset 3

3 Vergleiche. Was ist teurer? Kreuze an.

 Was würdest du dir kaufen? Schreibe auf, wie viel Geld du mitnehmen müsstest, und begründe deine Wahl.

_____

_____

4 Wie lange fährt Familie Böhm in den Urlaub nach Italien?

Fahrt von _____ Uhr bis _____ Uhr   (_____ Stunden)

Größen und Messen • Niveau A • Übungsset 3

5 Wie heißen die Wochentage? Fülle die Tabelle aus.

gestern	heute	morgen
	Mittwoch	
Samstag		
		Dienstag

6 An einem Montag erzählen die Kinder ihre Pläne für die Woche. Schreibe den Wochentag dazu.

In drei Tagen hat mein Papa Geburtstag.
_____

Ich freue mich auf den Ferienbeginn am Ende der Woche.
_____

Heute Nachmittag besucht mich mein bester Freund Leo.
_____

Übermorgen gehe ich ins Kino.
_____

7 Stimmen die Aussagen? Kreuze richtig (r) oder falsch (f) an.

Furkans Stundenplan

	Montag	Dienstag	Mittwoch
1	Sport	Deutsch	Mathe
2	Sport	Deutsch	Religion
3	HSU	Mathe	Werken
4	Mathe	Musik	Werken
5	Deutsch		Deutsch

15 bis 18 Uhr Geburtstagsfeier Jonas

16 bis 18 Uhr Fußballtraining

	r	f
Am Mittwoch macht Furkan keinen Sport.	☐	☐
Am Dienstag ist er auf einer Geburtstagsfeier.	☐	☐
Am Mittwoch hat er das Fach Musik.	☐	☐
Montag ist sein längster Schultag.	☐	☐

Größen und Messen • Niveau A • Übungsset 4

Übungsset 4

1 Auf dem Flohmarkt werden viele Dinge verkauft.

a) Wie viel müssen die Kinder bezahlen?

Marie:

___ € + ___ € = ___ €

Yusuf:

___ € + ___ € = ___ €

Johannes:

___ € + ___ € + ___ € = ___ €

Samira:

___ € + ___ € + ___ € = ___ €

b) Jeder bezahlt mit einem 20-€-Schein. Was bekommen sie zurück? Zeichne das Wechselgeld auf und schreibe den Betrag dazu.

Marie	Yusuf	Johannes	Samira
Euro	Euro	Euro	Euro

c) Melissa bezahlt 16 Euro. Zeichne oder schreibe auf, was sie gekauft haben könnte.

2 Wie spät ist es? Verbinde gleiche Uhrzeiten.

19:00   **17:00**   **14:00**   **23:00**

3 Schau dir das Kalenderblatt genau an.

a) Welcher Wochentag ist der 16. April?

_____

b) Welcher Wochentag und welches Datum sind

- zwei Tage später?

_____

- vier Tage später?

_____

- sieben Tage später? _____

- neun Tage später? _____

- zwei Wochen später? _____

- einen Monat später? _____

4 Wie alt sind die Kinder? Löse das Rätsel und trage ihr Alter ein.

Das jüngste Kind ist 8 Jahre alt. Milla ist ein Jahr älter als dieses und 2 Jahre jünger als Leon. Lina ist 2 Jahre älter als Rafael.

Rafael   Lina   Milla   Leon

_____   _____   _____   _____

Größen und Messen • Niveau B • Übungsset 1

Übungsset 1

1 Wie viel Geld haben die Kinder gespart?

a) Schreibe den Betrag unter das Sparschwein.

Samira: Justin: Ella:

_____ €   _____ €   _____ €

 Wer hat das meiste Geld gespart?

_____

b) Die drei Kinder wollen sparen, bis jedes 100 € im Sparschwein hat. Wie viel fehlt den Kindern noch? Zeichne die möglichen Scheine und Münzen und schreibe den Betrag auf.

Name	Zeichnung	Fehlender Betrag
Samira		Euro
Justin		Euro
Ella		Euro

Größen und Messen • Niveau B • Übungsset 1

2 Entscheide, ob die Aussage stimmt, und kreuze an.

	stimmt	stimmt nicht
Ein Auto ist länger als 10 m.	☐	☐
Mein Mäppchen ist länger als 10 cm.	☐	☐
Meine Schritte sind länger als 1 m.	☐	☐
Ein Salat kostet weniger als 5 €.	☐	☐
Eine Packung Butter ist teurer als 3 €.	☐	☐
Mein Füller kostet mehr als 1 €.	☐	☐
Ein Schultag dauert länger als 10 Stunden.	☐	☐
Zähneputzen dauert länger als 10 Sekunden.	☐	☐

3 a) Setze m oder cm passend ein.

20 ____   12 ____   8 ____   2 ____

12 ____   25 ____   10 ____   60 ____

b) Ordne die Gegenstände nach der Größe. Beginne mit dem kleinsten.

____ cm < _____

_____

Größen und Messen • Niveau B • Übungsset 1

4 Wie lang sind die Zäune der Tiergehege? Miss nach. (1 cm = 1 m)

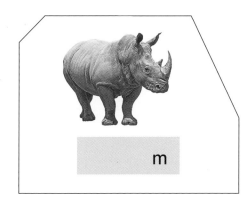

_____ m

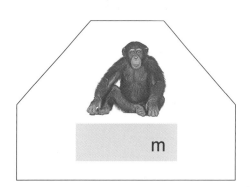

_____ m

5 Schreibe auf, wie viele Minuten (min) seit 3.00 Uhr vergangen sind.

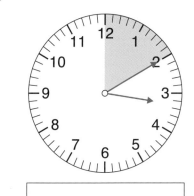

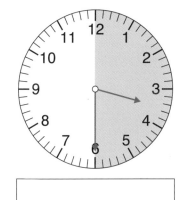

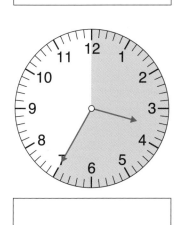

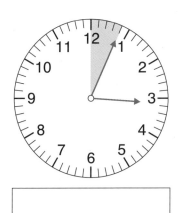

Zähle alle Minuten zusammen. Wie viele Stunden und Minuten sind insgesamt vergangen?

_____ + _____ + _____ + _____ + _____ + _____ = _____

= _____ h _____ min

Übungsset 2

1 In den Geldbeuteln sollen immer 50 € sein. Streiche weg oder zeichne dazu.

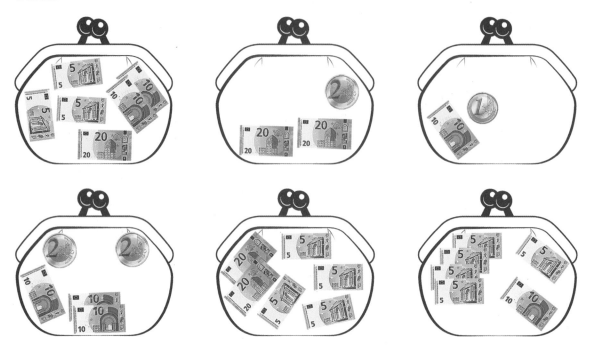

2 Wie viel Zeit ist vergangen? Ordne die Zeitangaben den Bildern zu. Jede Zeitangabe kommt genau einmal vor.

♦ genau eine Woche ♦ einige Sekunden ♦

♦ mehrere Monate ♦ einige Tage ♦ ein Tag ♦

♦ mehrere Jahre ♦

Größen und Messen • Niveau B • Übungsset 2

3 Schreibe zu jeder Uhrzeit mindestens zwei verschiedene Aussagen auf.

Viertel vor 8			
7.45 Uhr			
19.45 Uhr			

4 Vergleiche. Was ist länger? Kreuze an.

☐ Auto	☐ Tür
☐ Federmäppchen	☐ Füller
☐ Tufel	☐ T-Shirt
☐ Streichholz	☐ Postkarte

17

Größen und Messen • Niveau B • Übungsset 2

5 Miss die Länge der folgenden Gegenstände und schreibe deine Ergebnisse auf. **Tipp:** Die Pfeile helfen dir beim Messen.

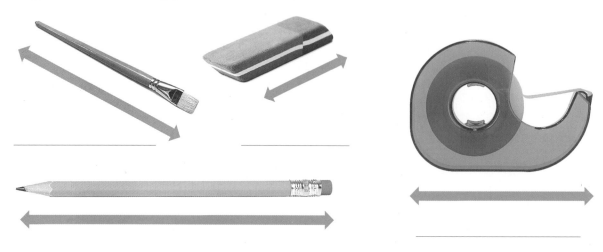

 Miss auch deine eigenen Gegenstände und vergleiche.

Mein Bleistift ist kürzer.

6 Trage den fehlenden Minutenzeiger (blau) oder den fehlenden Stundenzeiger (rot) ein.

| 14.45 Uhr | 12.10 Uhr | 23.06 Uhr | 16.31 Uhr |

| 20.20 Uhr | 17.15 Uhr | 21.30 Uhr | 4.55 Uhr |

Übungsset 3

1 Wie viel Geld ist es? Trage ein.

a)

1 ct	2 ct	5 ct	10 ct	20 ct	50 ct	Gesamt
III	II	I	–	I	I	Cent
I	–	II	I	III	–	Cent
I	I	–	–	II	I	Cent
III	III	–	I	III	–	Cent

Ordne die Beträge der Größe nach. Beginne mit dem kleinsten.

b)

1 €	2 €	5 €	10 €	20 €	50 €	Gesamt
I	II	II	II	III	–	Euro
II	III	ℍℍ	I	–	I	Euro
ℍℍ I	II	I	II	II	–	Euro
I	ℍℍ II	II	I	–	I	Euro

Ordne die Beträge der Größe nach. Beginne mit dem kleinsten.

2 Marius hat sich folgende Kleidungsstücke gekauft. Er bezahlt mit möglichst wenigen Scheinen und Münzen. Male sie neben die Bilder.

Größen und Messen • Niveau B • Übungsset 3

3 Hier siehst du verschiedene Strecken.

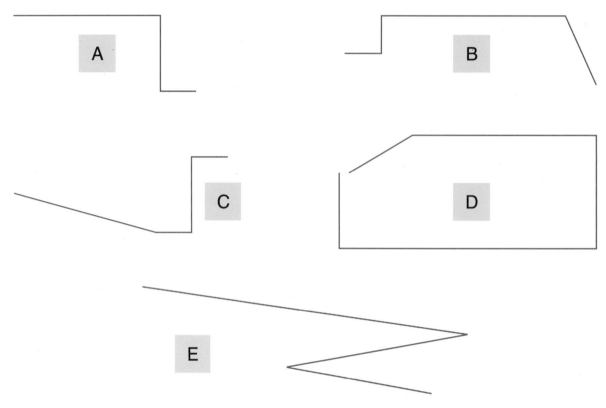

a) Schätze, welche der Strecken am längsten ist.   Strecke:

b) Schätze nun, wie lang die einzelnen Strecken sind. Trage deine Schätzungen in die Tabelle unten ein.

c) Miss nun nach und trage deine Messungen in die Tabelle ein.
Tipp: Miss die Länge aller Teilabschnitte einer Strecke und berechne so die Gesamtlänge.

Figur	geschätzt	gemessen
A		
B		
C		
D		
E		

Größen und Messen • Niveau B • Übungsset 3

4 Sieh dir den Wecker an und schreibe die richtigen Uhrzeiten in die Kästen.

Vor 2 Stunden: _____

In 1 Stunde und 5 Minuten: _____

In 2 Stunden: _____

In 25 Minuten: _____

Vor 10 Minuten: _____

In 5 Stunden: _____

5 Das Schwimmbecken ist 25 m lang und 12 m breit. Berechne, wie weit die Kinder schwimmen.

a) Tobias schwimmt dreimal die lange Bahn: _____

b) Mara schwimmt zweimal die kurze und einmal die lange Bahn: _____

c) Stefan schwimmt eine Runde am Rand entlang: _____

 d) Lilli schwimmt 87 m. Überlege, wie sie geschwommen ist.

_____
_____

Größen und Messen • Niveau B • Übungsset 3

6 Schau dir den Kalender an und prüfe, ob die Aussagen richtig (r) oder falsch (f) sind. Kreuze an. Schreibe deine Verbesserungen dazu.

Kalender 2019

Januar 2019						
MO	DI	MI	DO	FR	SA	SO
	1	2	3	4	5	6
7	8	9	10	11	12	13
14	15	16	17	18	19	20
21	22	23	24	25	26	27
28	29	30	31			

Februar 2019						
MO	DI	MI	DO	FR	SA	SO
				1	2	3
4	5	6	7	8	9	10
11	12	13	14	15	16	17
18	19	20	21	22	23	24
25	26	27	28			

März 2019						
MO	DI	MI	DO	FR	SA	SO
				1	2	3
4	5	6	7	8	9	10
11	12	13	14	15	16	17
18	19	20	21	22	23	24
25	26	27	28	29	30	31

April 2019						
MO	DI	MI	DO	FR	SA	SO
1	2	3	4	5	6	7
8	9	10	11	12	13	14
15	16	17	18	19	20	21
22	23	24	25	26	27	28
29	30					

Mai 2019						
MO	DI	MI	DO	FR	SA	SO
		1	2	3	4	5
6	7	8	9	10	11	12
13	14	15	16	17	18	19
20	21	22	23	24	25	26
27	28	29	30	31		

Juni 2019						
MO	DI	MI	DO	FR	SA	SO
					1	2
3	4	5	6	7	8	9
10	11	12	13	14	15	16
17	18	19	20	21	22	23
24	25	26	27	28	29	30

Juli 2019						
MO	DI	MI	DO	FR	SA	SO
1	2	3	4	5	6	7
8	9	10	11	12	13	14
15	16	17	18	19	20	21
22	23	24	25	26	27	28
29	30	31				

August 2019						
MO	DI	MI	DO	FR	SA	SO
			1	2	3	4
5	6	7	8	9	10	11
12	13	14	15	16	17	18
19	20	21	22	23	24	25
26	27	28	29	30	31	

September 2019						
MO	DI	MI	DO	FR	SA	SO
						1
2	3	4	5	6	7	8
9	10	11	12	13	14	15
16	17	18	19	20	21	22
23	24	25	26	27	28	29
30						

Oktober 2019						
MO	DI	MI	DO	FR	SA	SO
	1	2	3	4	5	6
7	8	9	10	11	12	13
14	15	16	17	18	19	20
21	22	23	24	25	26	27
28	29	30	31			

November 2019						
MO	DI	MI	DO	FR	SA	SO
				1	2	3
4	5	6	7	8	9	10
11	12	13	14	15	16	17
18	19	20	21	22	23	24
25	26	27	28	29	30	

Dezember 2019						
MO	DI	MI	DO	FR	SA	SO
						1
2	3	4	5	6	7	8
9	10	11	12	13	14	15
16	17	18	19	20	21	22
23	24	25	26	27	28	29
30	31					

X Bundeseinheitliche, gesetzliche Feiertage

1.1. Neujahr, 19. 4. Karfreitag, 21./22. 4. Ostern, 1. 5. Tag der Arbeit, 30. 5. Christi Himmelfahrt, 10. 6. Pfingstmontag, 3.10. Tag der Deutschen Einheit, 25./26.12. Weihnachten

	r	f	Verbesserung
Ostern ist am Sonntag und Montag.	☐	☐	
Der Mai hat 5 Samstage.	☐	☐	
Der März hat genauso viele Tage wie der August.	☐	☐	
Der 8. Oktober ist ein Dienstag.	☐	☐	
Am 4. Mittwoch im Dezember ist Weihnachten.	☐	☐	
Im Mai sind vier Feiertage.	☐	☐	

Übungsset 4

1 Du bist im Supermarkt. Ergänze die Tabelle. Rechne auf einem Blockblatt.

Ich kaufe	Preis	Ich habe	Ich bekomme zurück
1 kg Äpfel, 2 Melonen, 1 Ananas, 3 Bananen		20 €	
Salat, Gurke, 3 Bananen		10 €	
2 Gurken, 3 Paprika		5 €	
2 kg Kartoffeln, 1 Ananas, 2 Paprika		10 €	

Melissa bezahlt genau 5 Euro. Zeichne oder schreibe auf, was sie gekauft haben könnte. Finde 3 Möglichkeiten.

Größen und Messen • Niveau B • Übungsset 4

2 Familie Müller geht Ski fahren. Sieh dir das Bild genau an.

Größen und Messen • Niveau B • Übungsset 4

a) Kannst du die Fragen mithilfe einer Rechnung beantworten?

	ja	nein	Rechnung
Wie viel muss Familie Müller für den Skipass bezahlen?	☐	☐	
Was will die Familie essen?	☐	☐	
Wie viele Stunden hat die Hütte täglich geöffnet?	☐	☐	
Warum ist im Zeitraum März bis November am Dienstag Ruhetag?	☐	☐	
Wie viel muss Vater Müller bezahlen, wenn er 2-mal Pommes, 5 Limonaden, 1 Suppe und 2 Kaiserschmarrn kaufen will?	☐	☐	
Wann ist die Familie losgefahren?	☐	☐	

b) Max hat Hunger. Er kauft sich eine Suppe und eine Portion Kaiserschmarrn. Dabei bezahlt er mit einem 20-€-Schein.

Frage: _____

Rechnung:

Antwort: _____

c) Wie lange sitzt die Familie im Sessellift, wenn sie ihn 7-mal benutzt?

Rechnung:

Antwort: _____

3 Zeichne folgende Strecken mit Lineal und markiere das Ende deutlich. Beginne bei dem Punkt.

7 cm •

2 cm •

11 cm •

13 cm •

4 a) Rechne die Zeitangaben in Monate um.

2 Jahre = _____

1 Jahr und 5 Monate = _____

3 Jahre und 2 Monate = _____

2 Jahre und 6 Monate = _____

 b) Rechne die Zeitangaben in Wochen und Tage **oder** in Jahre und Monate um. Entscheide dich jeweils für die sinnvolleren Einheiten.

15 Monate = _____

16 Tage = _____

20 Monate = _____

27 Tage = _____

*Übungssets
Daten, Häufigkeiten und
Wahrscheinlichkeiten*

Übungsset 1

1 Tom will mit geschlossenen Augen ein **weißes Plättchen** ziehen. In welcher Kiste ist das möglich, in welcher sicher und in welcher unmöglich? Verbinde.

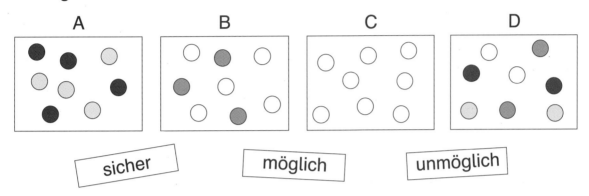

2 Tara zieht mit geschlossenen Augen ein **blaues Plättchen**. Male die Plättchen zu den Schildern passend blau, rot und gelb aus.

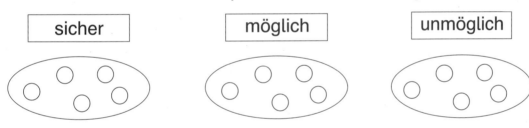

3 Jedes Kind hat 16-mal gewürfelt.

Tim		Maja		Bastian		Lena	
⚀	IIII	⚀	II	⚀	II	⚀	III
⚁	I	⚁	IIII	⚁	I	⚁	II
⚂	I	⚂	I	⚂	III	⚂	I
⚃	III	⚃	III	⚃	I	⚃	III
⚄	I	⚄	II	⚄	II	⚄	II
⚅	IIII I	⚅	IIII	⚅	IIII II	⚅	IIII

Wie oft hat jedes Kind die ⚅ gewürfelt? Schreibe die Zahlen auf.

Tim: _____   Maja: _____   Bastian: _____   Lena: _____

Daten, Häufigkeiten und Wahrscheinlichkeiten • Niveau A • Übungsset 2

Übungsset 2

 a) Du hast **acht 1-Cent-Münzen** mit einer Zahlenseite und einer Eichenblattseite. Wie können sie zusammengestellt werden? Beschrifte die Kreise unten entsprechend. Schreibe die Rechnung dazu. Ordne die Möglichkeiten wie in den Beispielen. Zeichne jede Möglichkeit nur einmal in die Tabelle.

b) Wirf die Münzen nun auf den Tisch. Welche Möglichkeit ist gefallen? Mache bei der Möglichkeit einen Strich in die Tabelle.
Spiele das Spiel ca. 10 Minuten.

Möglichkeit	Rechnung	Strichliste
① ① ① ① ① ① ① ①	0 + 8 = 8	
○ ○ ○ ○ ○ ○ ○ ○		
🍃 🍃 ① ① ① ① ① ①	2 + 6 = 8	
○ ○ ○ ○ ○ ○ ○ ○		
○ ○ ○ ○ ○ ○ ○ ○		
○ ○ ○ ○ ○ ○ ○ ○		
○ ○ ○ ○ ○ ○ ○ ○		
🍃 🍃 🍃 🍃 🍃 🍃 🍃 ①	7 + 1 = 8	
○ ○ ○ ○ ○ ○ ○ ○		

c) Welche drei Möglichkeiten sind am häufigsten gefallen? Schreibe die Rechnungen auf die Linien.

_____   _____   _____

 d) Warum sind diese Möglichkeiten am häufigsten gefallen? Begründe.

_____

_____

Daten, Häufigkeiten und Wahrscheinlichkeiten • Niveau A • Übungsset 2

2 In der Klasse 1a gibt es Jungen und Mädchen.
Zähle im Säulendiagramm, wie viele Mädchen und Jungen es sind.
Ein Kästchen entspricht einem Kind.
Trage dein Ergebnis als Striche und Zahlen unten ein.

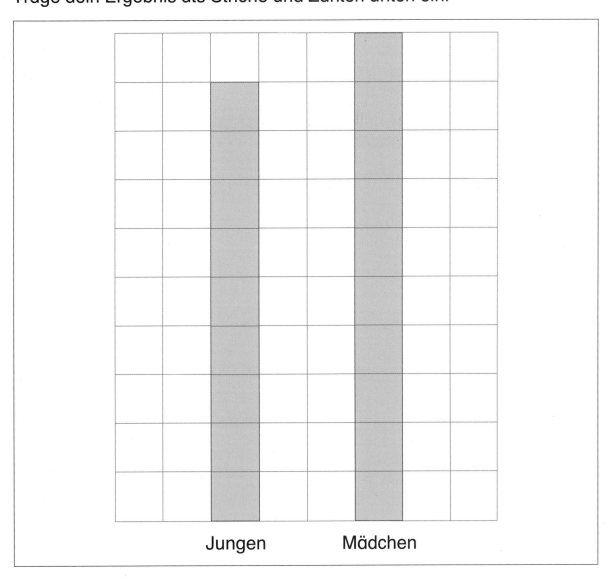

Strichliste

Jungen: _____

Mädchen: _____

Insgesamt: _____

Zahlen

Jungen: _____

Mädchen: _____

Insgesamt: _____

Übungsset 3

1 Amy feiert Geburtstag und es sind viele Kinder eingeladen. Es gibt verschiedene Kuchen. Den Kindern schmeckt es.

a) Wer hat jeweils am meisten gegessen?

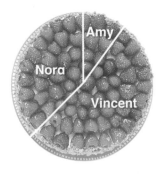  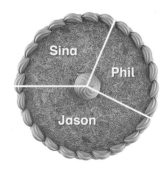

_____   _____   _____

b) Wer hat jeweils am wenigsten gegessen?

 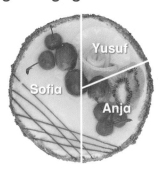 

_____   _____   _____

2 Sicher, möglich oder unmöglich? Kreuze an.

		sicher	möglich	unmöglich
a)	In der Schule trägt Jens gern ein kurzes Shirt und eine lange Hose.	☐	☐	☐
b)	Max freut sich im Sommer über 25 Grad und leichten Schneefall.	☐	☐	☐
c)	Michael kauft sich ein blaues Auto, wenn er mal groß ist.	☐	☐	☐
d)	Opa Lutz ist jünger als seine älteste Tochter Jana.	☐	☐	☐
e)	Lisa wird nächstes Jahr ein Jahr älter.	☐	☐	☐

3 Frau Müller fragt die Kinder der Klasse 1b, wie sie morgens zur Schule kommen. Die Kinder antworten wie folgt:

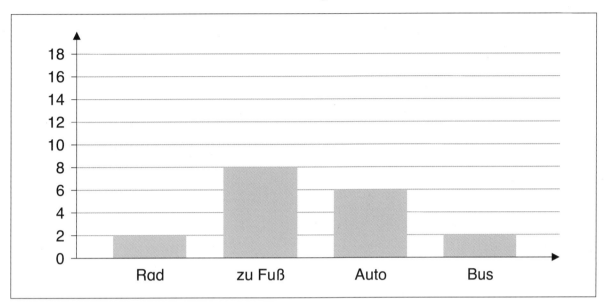

a) Trage die Anzahl der Kinder aus dem Diagramm ein.

_____ Kinder fahren mit dem Rad zur Schule.

_____ Kinder werden mit dem Auto zur Schule gefahren.

_____ Kinder fahren mit dem Schulbus.

_____ Kinder laufen zur Schule.

b) Kreuze richtige Aussagen an.

☐ Es kommen mehr Kinder mit Auto und Bus zur Schule als zu Fuß.

☐ Die meisten Kinder laufen zu Fuß zur Schule.

☐ Nur wenige Kinder kommen mit Roller.

☐ Es kommen genauso viele Kinder mit Rad und Auto zur Schule wie zu Fuß.

c) Schreibe **drei** eigene Aussagen auf, die zum Diagramm passen.

1. Es gibt mehr _____

2. _____

3. _____

Daten, Häufigkeiten und Wahrscheinlichkeiten • Niveau A • Übungsset 4

Übungsset 4

1 Du brauchst einen Spielwürfel. Beklebe zwei Flächen des Spielwürfels blau und die anderen vier Flächen gelb.

a) Würfle insgesamt 30-mal und notiere die Würfelergebnisse in der Tabelle als Strichliste.

Blau	
Gelb	

Welche Farbe fällt öfter?

_____

Schau dir den Würfel noch einmal an. Vergleiche dein Ergebnis mit der Anzahl der blauen und der gelben Flächen. Was stellst du fest?

_____
_____
_____

b) Beklebe nun nur eine Fläche des Spielwürfels blau und die anderen gelb. Würfle wieder 30-mal. Trage die Ergebnisse in die Tabelle ein.

Blau	
Gelb	

Was stellst du im Vergleich zu Aufgabe a fest? Begründe.

_____
_____
_____

c) Wer hat wohl welchen Spielwürfel benutzt? Verbinde richtig.

Würfel	Ergebnis		
3 blaue und 3 gelbe Flächen	Peter	Blau	‖‖‖‖
		Gelb	‖‖‖‖ ‖‖‖‖ ‖‖‖‖ ‖‖‖‖ ‖‖‖‖
1 blaue und 5 gelbe Flächen	Susi	Blau	‖‖‖‖ ‖‖‖‖ ‖‖‖‖
		Gelb	‖‖‖‖ ‖‖‖‖ ‖‖‖‖
2 blaue und 4 gelbe Flächen	Julius	Blau	‖‖‖‖ ‖‖‖‖ ‖‖‖‖ ‖‖‖‖ ‖‖‖‖ ‖‖‖‖
		Gelb	
6 blaue Flächen	Anne	Blau	‖‖‖‖ ‖‖‖‖
		Gelb	‖‖‖‖ ‖‖‖‖ ‖‖‖‖ ‖‖‖‖

2 Lilly darf sich heute das Obst für das Pausenbrot selbst aussuchen. 2 Obstsorten darf sie sich nehmen. Es sind 4 verschiedene Obstsorten auf dem Teller: Banane (B), Apfel (A), Orange (O) und Trauben (T).

Finde alle Möglichkeiten, die Lilly hat, um 2 Obstsorten auszuwählen.

_____

_____

_____

Übungsset 1

1 a) Die Kinder Lina, Rafael, Leon und Milla wollen mit Murmeln spielen. Es gibt blaue und grüne Murmeln. Jeder greift sich verschieden viele Murmeln und erkennt:

Lina: Ich habe genauso viele grüne wie blaue Murmeln.
Rafael: Ich habe nur grüne Murmeln.
Leon: Ich habe halb so viele grüne wie blaue Murmeln.
Milla: Ich habe mehr grüne als blaue Murmeln.

Male die Murmeln der 4 Kinder passend zur Aussage in die Gläser.

Lina   Rafael   Leon   Milla

 b) Bei dem Glas von welchem Kind hast du die größte Chance, eine blaue Murmel zu ziehen? Begründe.

_____

_____

c) Zeichne ein Glas mit Murmeln, aus dem du ganz sicher eine blaue Murmel ziehen würdest.

2 Die Klasse 2a möchte sich am ersten Schultag den anderen Klassen vorstellen. Dazu hat sie ein Diagramm von sich erstellt. Betrachte das Diagramm ganz genau und fülle die Lücken im Text.

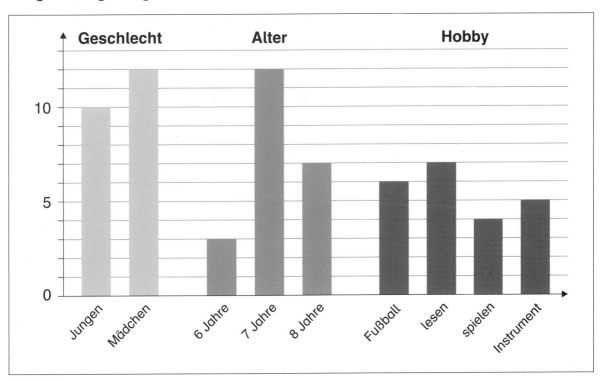

In unsere Klasse 2a gehen insgesamt _____ Kinder. Davon sind _____ Mädchen und _____ Jungen.

Die meisten Kinder in unserer Klasse sind _____ Jahre alt. Es gibt _____ Kinder, die schon 8 Jahre alt sind, und noch _____ Kinder, die erst 6 Jahre alt sind.

In der Freizeit spielen _____ Kinder gern Fußball. Ein Instrument lernen nur _____ Kinder. _____ Kinder lesen oder spielen gern.

Daten, Häufigkeiten und Wahrscheinlichkeiten • Niveau B • Übungsset 2

Übungsset 2

1 a) Lina, Rafael, Leon und Milla würfeln mit einem weiß-schwarzen Würfel.

Welches Würfelergebnis gehört zu welchem Kind? Trage ein.

38

Daten, Häufigkeiten und Wahrscheinlichkeiten • Niveau B • Übungsset 2

b) Die Kinder treffen Aussagen über ihre Würfelergebnisse. Male die richtigen Aussagen grün und die falschen gelb aus.

| Lina: Es ist sicher, dass ich Schwarz würfle. | Milla: Es ist unmöglich, dass ich Schwarz würfle. | Rafael: Es ist möglich, dass ich Weiß würfle. |

| Leon: Es ist sicher, dass ich Schwarz oder Weiß würfle. | Rafael: Es ist möglich, dass ich Grau würfle. |

c) Lina und Rafael finden zwei weitere Würfel in ihrem Spielzimmer. Wie sehen die Würfel aus? Trage ein.

Würfel 1

Weiß:
||||| ||||| ||||| ||||| ||||| |||||

Schwarz:
||||| ||||| ||||| |||||

Grau:
||||| |||||

Der Würfel hat _____ weiße, _____ schwarze und _____ graue Fläche.

Würfel 2

Weiß:
||||| |||||

Schwarz:
||||| |||||

Grau:
||||| ||||| ||||| ||||| ||||| ||||| ||||| |||||

Der Würfel hat _____ weiße, _____ schwarze und _____ graue Flächen.

Begründe deine Antwort.

_____
_____
_____

Daten, Häufigkeiten und Wahrscheinlichkeiten • Niveau B • Übungsset 2

2 Du möchtest dir vom Taschengeld ein Eis kaufen. In der Eisdiele in der Stadt gibt es nur drei Sorten zur Auswahl:
Schokolade (S) • **Erdbeere (E)** • **Vanille (V)**
Dein Geld reicht genau für zwei Kugeln.

a) Wie kannst du dir dein Eis zusammenstellen? Male oder schreibe alle Möglichkeiten auf.
Tipp: Du kannst auch 2-mal die gleiche Sorte nehmen.

 Achtung: Dies sind nicht 2 verschiedene Möglichkeiten!
Auch wenn die Kugeln unterschiedlich liegen,
ist es doch das gleiche Eis.

_____

_____

_____

b) Ergänze das Schaubild.

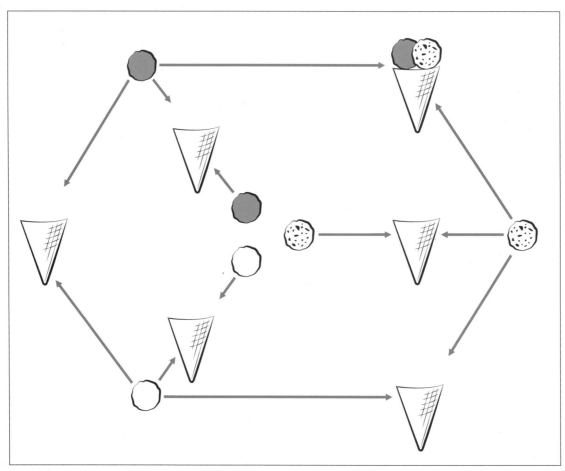

40

Übungsset 3

1 In der Klasse 2a haben die Kinder eine Umfrage zu Haustieren gemacht. Viele Kinder haben ein oder sogar mehrere Haustiere.

a) Sieh dir die Tabelle an und male ein passendes Säulendiagramm. Zeichne mit Lineal und Bleistift.

kein Tier	Hund	Katze	Hamster	Vogel	Maus	Schildkröte
II	IIII III	IIII II	II	IIII	I	IIII

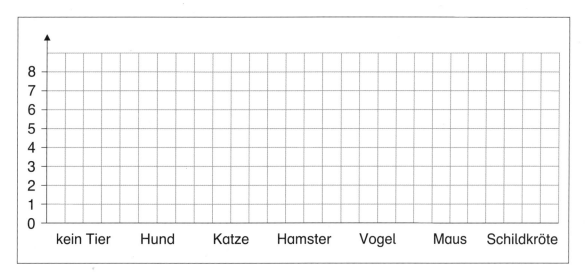

b) Male die Säule des häufigsten Haustiers grün aus und die des Haustiers, das am wenigsten vorkommt, orange.

c) Kreuze die richtigen Aussagen zu dem Diagramm an.

☐ Es gibt mehr Kinder mit Katzen als mit Schildkröten.
☐ Die meisten Kinder haben kein Haustier.
☐ Die wenigsten Kinder mit Haustier haben einen Hamster.
☐ Es gibt mehr Nagetiere als Haustiere als Eidechsen.
☐ Die meisten Kinder haben Vierbeiner als Haustiere.
☐ Es gibt doppelt so viele Kinder mit Hund wie Kinder mit Vogel.

2 Ergänze die Tabelle mit den 2 Würfeln, indem du die Würfelaugen addierst.

+	⚀	⚁	⚂	⚃	⚄	⚅
⚀	2	3				
⚁	3					
⚂						
⚃						
⚄						
⚅						

a) Welche Augensumme kann am häufigsten fallen?

_____

b) Mit welcher Augensumme ist es am wahrscheinlichsten, bei einer Würfelwette zu gewinnen?

_____

Begründe. **Tipp:** Deine Antwort bei Aufgabe a kann dir helfen.

_____

_____

c) Male alle geraden Ergebnisse blau und alle ungeraden gelb an.

d) Würfelt man mit 2 Würfeln eher eine gerade oder ungerade Augensumme? Begründe.

_____

_____

e) Sophie schlägt ihrer Freundin Mara Wetten vor. Welche sollte Mara unbedingt annehmen? Kreuze an.

☐ Wir würfeln mit zwei Spielwürfeln und addieren die Zahlen. Wenn die Augensumme gerade ist, gewinne ich.

☐ Wir würfeln mit zwei Spielwürfeln und addieren die Zahlen. Wenn die Augensumme 6, 7 oder 8 ist, gewinnst du.

☐ Wir würfeln mit zwei Spielwürfeln und addieren die Zahlen. Wenn die Augensumme 2 oder 12 ist, gewinne ich.

☐ Wir würfeln mit zwei Spielwürfeln und addieren die Zahlen. Wenn die Augensumme 3, 8 oder 9 ist, gewinnst du.

3 Du hast Legosteine in 3 verschiedenen Farben. Baue Türme aus jeweils 3 Legosteinen.

1   2   3

a) Wie viele verschiedene Türme kannst du bauen, wenn du jede Farbe mehrmals pro Turm verwenden darfst?

Tipp: Du kannst schreiben, malen oder rechnen.

b) Du möchtest nur mit den 3-farbigen Türmen weiterbauen. Wie viele Türme sind es?

Daten, Häufigkeiten und Wahrscheinlichkeiten • Niveau B • Übungsset 4

Übungsset 4

1 Die Kinder Sibel, Lara, Felix und Luca sind auf einer Geburtstagsfeier und essen Pizza.

a) Wer hat jeweils am meisten gegessen? Schreibe auf die Linien.

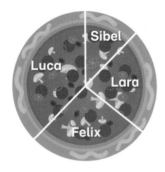 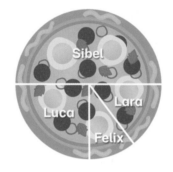 

_____   _____   _____

b) Wer hat jeweils am wenigsten gegessen?

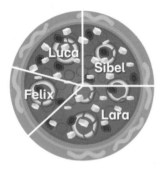 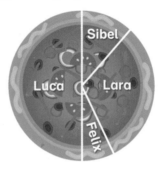 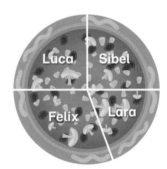

_____   _____   _____

c) Wer hat von den 3 Pizzen aus Aufgabe a insgesamt am meisten gegessen?

_____

Wer hat von den 3 Pizzen aus Aufgabe b insgesamt am wenigsten gegessen?

_____

2 Familie Fuchs hat einen Schokokuchen gegessen.

Lars hat das kleinste Stück gegessen.
Mutter und Karin haben zusammen die Hälfte des Kuchens gegessen.
Mutter hat mehr gegessen als Karin.
Das größte Stück hat Vater gegessen.
Julia hat mehr gegessen als ihr Bruder, aber weniger als ihre Schwester Karin.

Schreibe die Namen richtig in die Legende.

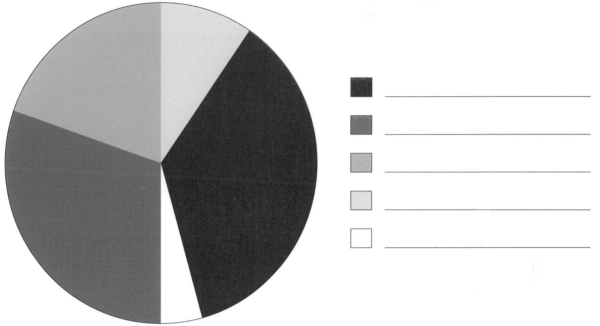

3 In einem Beutel befinden sich drei verschiedenfarbige Gummibärchen: ein weißes, ein rotes und ein grünes. Du ziehst mit einem Griff 2 Gummibärchen heraus.

Wie viele Möglichkeiten von Bärchenpaaren gibt es? Schreibe alle auf.

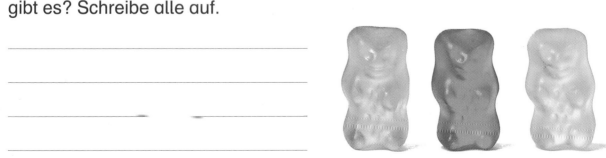

Daten, Häufigkeiten und Wahrscheinlichkeiten • Niveau B • Übungsset 4

4 Tim und Max würfeln mit 2 Spielwürfeln. Max wettet mit seinem Freund Tim, dass er schneller die Augensumme 6 würfelt als Tim die Augensumme 10. Sie würfeln die Spielwürfel nacheinander.

a) Unterstreiche in der Aufgabe oben das Wichtigste mit grünem Stift und Lineal. Nimm dir zwei Spielwürfel und würfle. Zeichne alle Möglichkeiten für die Augensumme von Max und die Augensumme von Tim auf.

Max: ☐☐ ☐☐ ☐☐ ☐☐ ☐☐

Tim: ☐☐ ☐☐ ☐☐

b) Kontrolliere die Notizen von Max und Tim. Haben sie jeweils alle Möglichkeiten für ihre Augensummen gefunden? Schreibe daneben.

Max: 2 + 4, 3 + 3, 5 + 1 _____

Tim: (6/4), (5/5) _____

c) Wer wird die Wette **wahrscheinlich** gewinnen? Begründe.

_____
_____
_____

5 a) Auf dem Schulfest der Berg-Grundschule gibt es ein Gewinnspiel mit einem Glücksrad. Was ist richtig? Kreuze an.

☐ Es ist unmöglich, dass Weiß verliert.

☐ Es ist möglich, dass Grün oder Grau gewinnt.

☐ Es ist wahrscheinlich, dass Grau eher gewinnt als Schwarz.

☐ Es ist sicher, dass Rot nicht gewinnt.

☐ Es ist unwahrscheinlich, dass Weiß gewinnt.

b) Welches Glücksrad passt zu welcher Aussage? Verbinde.
Tipp: Eine Aussage passt zweimal.

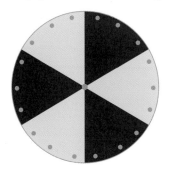
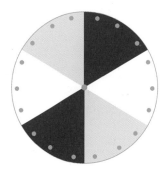

Es ist sicher, dass Weiß gewinnt.

Es ist möglich, dass Grau oder Schwarz gewinnt.

Es ist unmöglich, dass Weiß gewinnt.

c) Male die Glücksräder mit Weiß, Grau und Schwarz passend an.

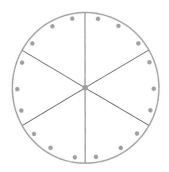
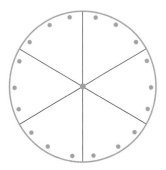
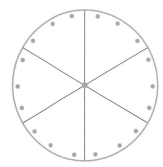

Es ist sicher, dass Grau gewinnt.

Es ist möglich, dass Schwarz gewinnt.

Es ist unmöglich, dass Schwarz gewinnt.

d) Male das Glücksrad mit 2 verschiedenen Farben aus. Beide Farben sollen die gleichen Gewinnchancen haben. Ist das möglich oder unmöglich? Begründe deine Entscheidung.

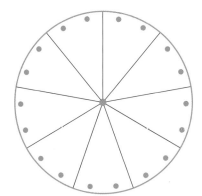

Lösungen

Größen und Messen – Niveau A

Übungsset 1

1 Wie viel Geld haben die Kinder gespart?

Hinweis:
zu a) Addiere die Geldwerte der Scheine und Münzen in den Sparschweinen.
zu b) Hier gibt es natürlich noch andere Möglichkeiten, die Werte zu zeichnen.
zu c) Auch diese drei Darstellungen sind nur Beispiele.

a) Schreibe den Betrag unter das Sparschwein.

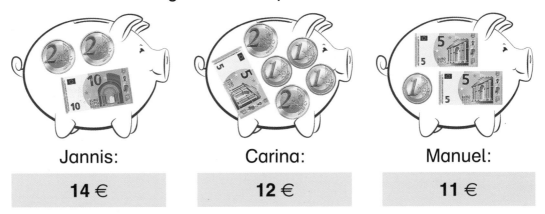

Jannis: 14 €

Carina: 12 €

Manuel: 11 €

 Wer hat das meiste Geld gespart?
Jannis

b) Zeichne den Betrag mit passenden Münzen oder Scheinen ein.
Lösungsvorschlag:

Samuel: 9 €

Ben: 12 €

Sibel: 16 €

Lösungen – Größen und Messen • Niveau A

  c) Finde drei verschiedene Möglichkeiten, wie du 10 € im Geldbeutel vorfinden kannst.

Lösungsvorschlag:

2 Wie lange dauert das? Schätze: Stunden oder Minuten? Verbinde.

Hinweis: Das ein oder andere hast du bestimmt schon einmal gemacht oder erlebt. Denke an die Tätigkeiten und überlege, wie lange sie gedauert haben.

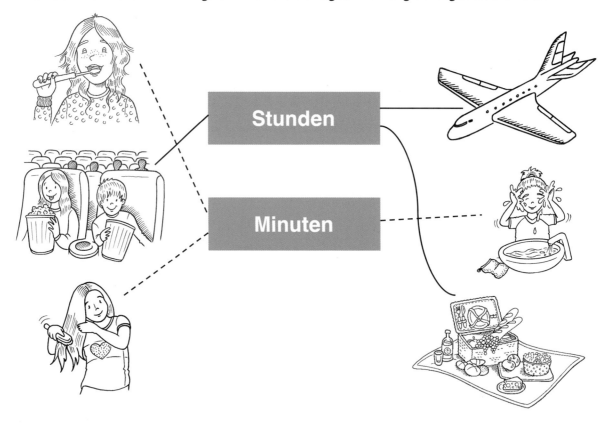

52

Lösungen – Größen und Messen • Niveau A

3 Wie spät ist es?

Hinweis: Denke daran, dass sich die Uhrzeit am Nachmittag und Abend in der Schreibweise von der am Morgen unterscheidet, da der Tag 24 Stunden hat.
zu a) Hier kannst du jeweils plus oder minus 12 Stunden rechnen, um die zweite Uhrzeit zu finden.
zu b) Bei „Nacht" könntest du auch 0 Uhr zuordnen, doch das Mittagessen findet eher um 12 Uhr als um 11 Uhr statt.

a) Bestimme die Uhrzeit. Schreibe jeweils beide Zeiten auf.

| **4** Uhr | **8** Uhr | **11** Uhr | **12** Uhr |
| **16** Uhr | **20** Uhr | **23** Uhr | **0/24** Uhr |

b) Wann machst du was? Ordne die passenden Uhrzeiten aus Aufgabe a den Bildern zu:

| Schulbeginn | Mittagessen | Spielen | Nacht |
| **8** Uhr | **12** Uhr | **16** Uhr | **23** Uhr |

Übungsset 2

1 Ordne die Münzen und Scheine.

Hinweis: Schau genau hin und unterscheide Euro und Cent.

a) Schreibe die Werte richtig geordnet auf die Linien.

1 Cent < **2 Cent** < **5 Cent** < **1 Euro** < **5 Euro** < 20 Euro

b) Ordne die Geldbeträge. Beginne mit dem größten.

| 7 € ◆ 19 ct ◆ 18 € ◆ 9 ct ◆ 1 € ◆ 5 € |

18 € > 7 € > 5 € > 1 € > 19 ct > 9 ct

2 In den Geldbeuteln sollen immer 15 € sein.

Hinweis: Hier kann es helfen, in 5er-Päckchen zu denken und die Scheine und Münzen beim Rechnen entsprechend gedanklich zu ordnen.

a) Wie viel fehlt? Zeichne dazu.
   Lösungsvorschlag:

b) Was ist zu viel? Streiche durch.
   Lösungsvorschlag:

Lösungen – Größen und Messen • Niveau A

3 Wer kauft was? Verbinde.

Hinweis: Denke an deine persönlichen Erfahrungen beim Einkaufen. Möglich wäre hier auch, dass Nikita die Actionfigur und Benedikt das Buch kauft.

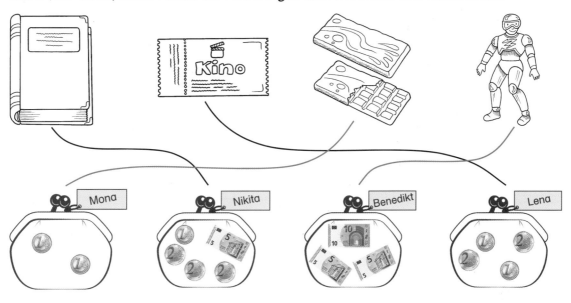

4 Hier sind einige Stunden (h) vergangen.

Hinweis: Denke daran, dass der kleine Zeiger die Stunden und der große Zeiger die Minuten anzeigt. Zur vollen Stunde steht der kleine Zeiger immer auf der 12.
zu a) Überlege, wie viel Zeit zwischen den beiden Uhrzeiten vergangen ist.
zu b) Addiere die angegebenen Stunden zur vorgegebenen Uhrzeit.
zu c) Subtrahiere die angegebenen Stunden von der vorgegebenen Uhrzeit.

a) Schreibe die Zeitspanne über den Pfeil.

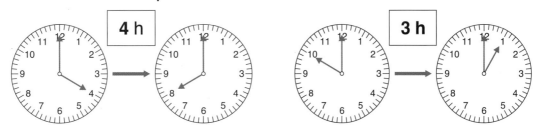

b) Zeichne die fehlende Uhrzeit ein.

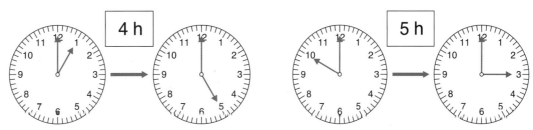

c) Zeichne die fehlende Uhrzeit ein.

Übungsset 3

1 Wie viel Geld ist es? Trage ein.

Hinweis: Du kannst die Summen hier mit Rechengeld legen.

a)

1 Cent	2 Cent	5 Cent	10 Cent	Gesamt
III	II	I	–	**12** Cent
I	II	I	I	**20** Cent
–	I	I	I	**17** Cent
III	III	–	I	**19** Cent

b)

1 €	2 €	5 €	10 €	Gesamt
II	II	II	–	**16** Euro
–	II	I	I	**19** Euro
ⅧⅠ	–	I	I	**20** Euro
–	ⅧⅠ I	I	–	**17** Euro

Lösungen – Größen und Messen • Niveau A

2 Wie viel Geld war im Geldbeutel? Zeichne ein.

Hinweis: Um das Geld in den Geldbeuteln zu ermitteln, können dir Umkehraufgaben helfen. ___ − 1 € = 9 € wird dann z. B. zu 9 € + 1 € = 10 €.

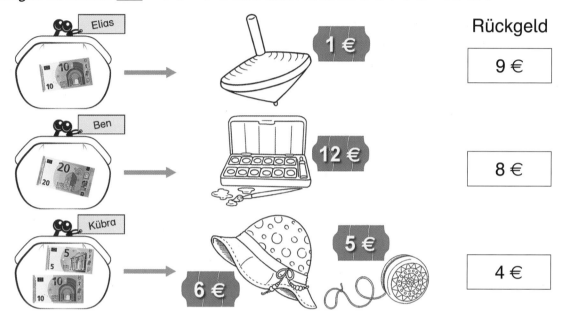

3 Vergleiche. Was ist teurer? Kreuze an.

Hinweis: Denke an deine persönlichen Erfahrungen beim Einkaufen und schätze ein. Erst bei der Kronenaufgabe ist eine konkrete Preisvorstellung nötig.

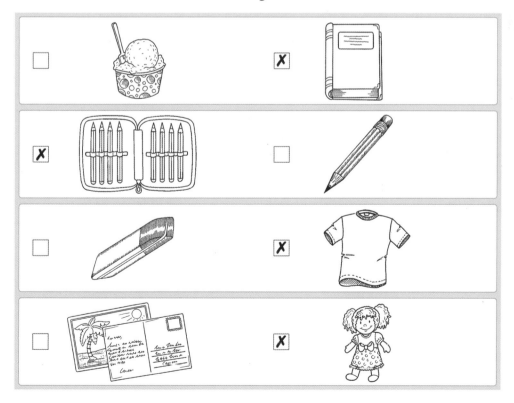

57

Lösungen – Größen und Messen • Niveau A

 Was würdest du dir kaufen? Schreibe auf, wie viel Geld du mitnehmen müsstest, und begründe deine Wahl.

Lösungsvorschlag:

Ich kaufe ein Buch für 10 €, weil ich gerne lese.
Oder: **Ich wollte schon immer eine Puppe mit Haaren. Sie kostet bestimmt über 30 €.**

Eis: 1 €/1,50 €; Federmäppchen: 10 € oder mehr;
Stift: 1 €/2 €; Radiergummi: ab 1 €; Postkarte: ab 50 ct/1 €.

4 Wie lange fährt Familie Böhm in den Urlaub nach Italien?

Hinweis: Auf dem Bild siehst du, dass die Familie nachts losfährt. Die Uhr zeigt also 22 Uhr an. Sie kommt bei Tag an, also um 8 Uhr morgens. Überlege, wie lange die Familie dann unterwegs war: 22 Uhr + ___ = 8 Uhr

Fahrt von **22** Uhr bis **8** Uhr (**10** Stunden)

5 Wie heißen die Wochentage? Fülle die Tabelle aus.

Hinweis: Um nicht in der Zeile zu verrutschen, kann dir ein weißes Blatt zum Abdecken helfen.

gestern	heute	morgen
Dienstag	Mittwoch	**Donnerstag**
Samstag	**Sonntag**	**Montag**
Sonntag	**Montag**	Dienstag

Lösungen – Größen und Messen • Niveau A

6 An einem Montag erzählen die Kinder ihre Pläne für die Woche. Schreibe den Wochentag dazu.

Hinweis: Wichtig ist, dass die Aussagen sich immer auf den Montag beziehen. Bei dem Kind rechts oben sind beide Tage als Antwort korrekt. Wenn du nur einen der beiden Tage genannt hast, ist das natürlich auch richtig.

In drei Tagen hat mein Papa Geburtstag.
Donnerstag

Ich freue mich auf den Ferienbeginn am Ende der Woche.
Freitag und **Samstag** möglich

Heute Nachmittag besucht mich mein bester Freund Leo.
Montag

Übermorgen gehe ich ins Kino.
Mittwoch

7 Stimmen die Aussagen? Kreuze richtig (r) oder falsch (f) an.

Hinweis: Du musst den Stundenplan spaltenweise lesen, um die Fragen beantworten zu können.

Furkans Stundenplan

	Montag	Dienstag	Mittwoch
1	Sport	Deutsch	Mathe
2	Sport	Deutsch	Religion
3	HSU	Mathe	Werken
4	Mathe	Musik	Werken
5	Deutsch		Deutsch

15 bis 18 Uhr Geburtstagsfeier Jonas · 16 bis 18 Uhr Fußballtraining

	r	f
Am Mittwoch macht Furkan keinen Sport.	X	
Am Dienstag ist er auf einer Geburtstagsfeier.		X
Am Mittwoch hat er das Fach Musik.		X
Montag ist sein längster Schultag.		X

Übungsset 4

1 Auf dem Flohmarkt werden viele Dinge verkauft.

Hinweis: In der Lösung wurden die Preise einer Kategorie (z. B. 2 Bücher) schon zusammengezählt. Du kannst natürlich auch alle Preise einzeln auflisten. Die Antworten bei b) und c) sind Vorschläge. Du kannst das Geld und die Einkäufe auch anders darstellen.

a) Wie viel müssen die Kinder bezahlen?

Marie:

6 € + 4 € = 10 €

Yusuf:

4 € + 11 € = 15 €

Johannes:

4 € + 5 € + 3 € = 12 €

Samira:

9 € + 2 € + 8 € = 19 €

Lösungen – Größen und Messen • Niveau A

b) Jeder bezahlt mit einem 20-€-Schein. Was bekommen sie zurück? Zeichne das Wechselgeld auf und schreibe den Betrag dazu.

Lösungsvorschlag:

Marie	Yusuf	Johannes	Samira
10 Euro	5 Euro	8 Euro	1 Euro

 c) Melissa bezahlt 16 Euro. Zeichne oder schreibe auf, was sie gekauft haben könnte.

Lösungsvorschläge:

Puzzle 5 €, Zug 11 €	Puppe 8 €, Mäppchen 4 €, 2 × Kleidung je 2 €
5 Bücher je 3 €, Auto 1 €	Zug 11 €, Mäppchen 4 €, Auto 1 €

2 Wie spät ist es? Verbinde gleiche Uhrzeiten.

✏ **Hinweis:** *Vergleiche die analogen Uhrzeiten mit den digitalen und ordne richtig zu.*

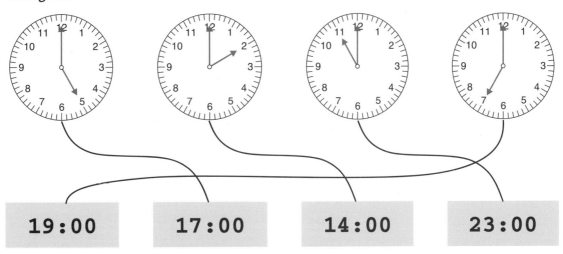

Lösungen – Größen und Messen • Niveau A

3 Schau dir das Kalenderblatt genau an.

Hinweis: Beachte, dass sich alle Fragen auf Freitag, den 13. April beziehen (siehe Bild).

a) Welcher Wochentag ist der 16. April?
Montag

b) Welcher Wochentag und welches Datum sind

- zwei Tage später:
Sonntag, 15. 4.

- vier Tage später:
Dienstag, 17. 4.

- sieben Tage später: **Freitag, 20. 4.**

- neun Tage später: **Sonntag, 22. 4.**

- zwei Wochen später: **Freitag, 27. 4.**

- einen Monat später: **Sonntag, 13. 5.**

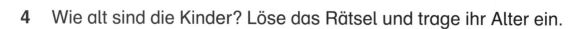

4 Wie alt sind die Kinder? Löse das Rätsel und trage ihr Alter ein.

Hinweis: Finde zunächst heraus, wer das jüngste Kind ist. Milla und Lina fallen heraus, denn Milla ist älter als das jüngste Kind und Lina ist älter als Rafael. Leon kann es auch nicht sein, denn Milla ist jünger als er. Es bleibt nur Rafael übrig. Im Anschluss lassen sich dann die Altersangaben der anderen Kinder errechnen: Milla ist ein Jahr älter (8 + 1 = 9), aber zwei Jahre jünger als Leon (___ – 2 = 9), Lina ist zwei Jahre älter als Rafael (8 + 2 = 10).

Das jüngste Kind ist 8 Jahre alt. Milla ist ein Jahr älter als dieses und 2 Jahre jünger als Leon. Lina ist 2 Jahre älter als Rafael.

Rafael	Lina	Milla	Leon
8 Jahre	**10 Jahre**	**9 Jahre**	**11 Jahre**

Größen und Messen – Niveau B

Übungsset 1

1 Wie viel Geld haben die Kinder gespart?

Hinweis:
zu a) Addiere die Geldscheine und Münzen in den Sparschweinen.
zu b) Hier sind verschiedene Zusammenstellungen möglich. Es ist jeweils nur ein Beispiel zum fehlenden Betrag angegeben.

a) Schreibe den Betrag unter das Sparschwein.

Samira:	Justin:	Ella:
75 €	**58 €**	**70 €**

Wer hat das meiste Geld gespart?
Samira (75 €)

b) Die drei Kinder wollen sparen, bis jedes 100 € im Sparschwein hat. Wie viel fehlt den Kindern noch? Zeichne die möglichen Scheine und Münzen und schreibe den Betrag auf.

Lösungsvorschlag:

Name	Zeichnung	Fehlender Betrag
Samira	20 € + 5 €	**25** Euro
Justin	20 € + 1 € + 1 € + 20 €	**42** Euro
Ella	10 € + 20 €	**30** Euro

Lösungen – Größen und Messen • Niveau B

2 Entscheide, ob die Aussage stimmt, und kreuze an.

Hinweis: Stelle dir die Dinge und Ereignisse vor und beurteile.

	stimmt	stimmt nicht
Ein Auto ist länger als 10 m.		X
Mein Mäppchen ist länger als 10 cm.	X	
Meine Schritte sind länger als 1 m.		X
Ein Salat kostet weniger als 5 €.	X	
Eine Packung Butter ist teurer als 3 €.		X
Mein Füller kostet mehr als 1 €.	X	
Ein Schultag dauert länger als 10 Stunden.		X
Zähneputzen dauert länger als 10 Sekunden.	X	

3 a) Setze m oder cm passend ein.

Hinweis: Hier musst du nur entscheiden, ob m oder cm sinnvoll sind. Stelle dir die Gegenstände vor und trage dann deine Entscheidung ein.

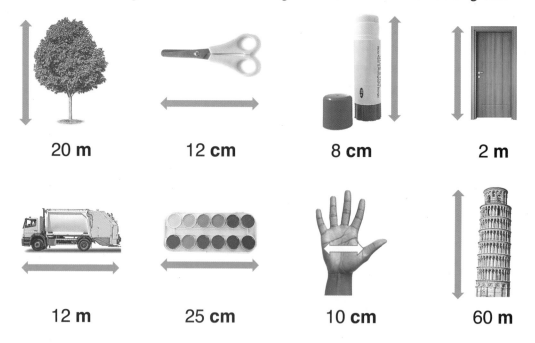

20 m   12 cm   8 cm   2 m

12 m   25 cm   10 cm   60 m

b) Ordne die Gegenstände nach der Größe. Beginne mit dem kleinsten.

8 cm < 10 cm < 12 cm < 25 cm < 2 m < 12 m < 20 m < 60 m

Lösungen – Größen und Messen • Niveau B

4 Wie lang sind die Zäune der Tiergehege? Miss nach. (1 cm = 1 m)

Hinweis: Du kannst die Längenangaben der Abschnitte auf einem Blockblatt sammeln und addieren. Achte auf die Einheit m.

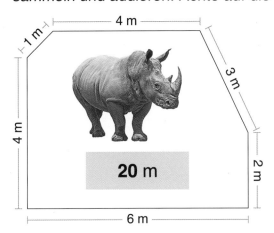
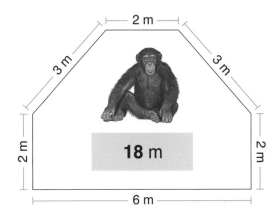

5 Schreibe auf, wie viele Minuten (min) seit 3.00 Uhr vergangen sind.

Hinweis: Die grauen Markierungen helfen dir beim Erfassen der vergangenen Zeitspanne. Denke an die Minuteneinteilung auf der Uhr.
Bei der Kronenaufgabe musst du an die Umrechnung von Minuten in Stunden denken: 60 min = 1 h

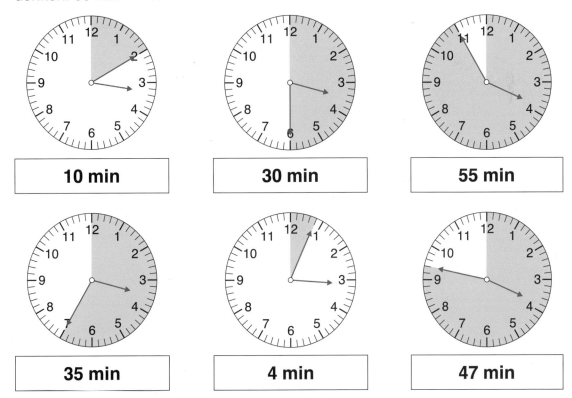

65

Lösungen – Größen und Messen • Niveau B

 Zähle alle Minuten zusammen. Wie viele Stunden und Minuten sind insgesamt vergangen?

**10 min + 30 min + 55 min + 35 min + 4 min + 47 min = 181 min
= 3 h 1** min

Übungsset 2

1 In den Geldbeuteln sollen immer 50 € sein. Streiche weg oder zeichne dazu.

Hinweis: Bei jedem Geldbeutel musst du entscheiden, ob er zu viel oder zu wenig Geld enthält. Vielleicht hilft es dir, den Betrag aufzuschreiben. Beim Ergänzen zu 50 € gibt es mehrere Möglichkeiten.

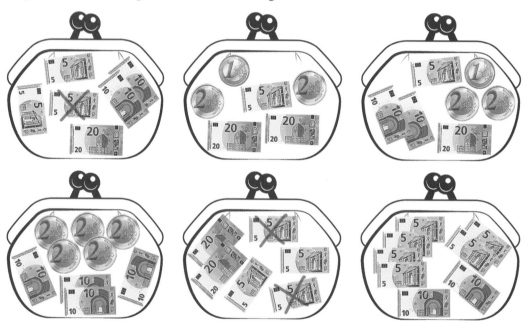

2 Wie viel Zeit ist vergangen? Ordne die Zeitangaben den Bildern zu. Jede Zeitangabe kommt genau einmal vor.

Hinweis: Denke an die Ereignisse und ordne die passenden Zeitangaben zu.

> ◆ genau eine Woche ◆ einige Sekunden ◆
> ◆ mehrere Monate ◆ einige Tage ◆ ein Tag ◆
> ◆ mehrere Jahre ◆

Lösungen – Größen und Messen • Niveau B

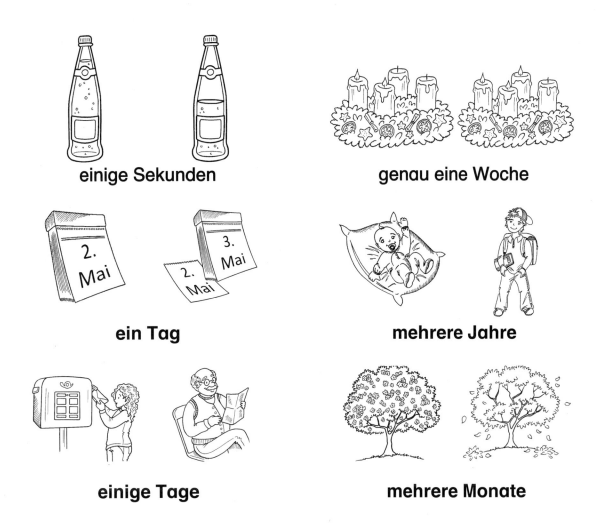

3 Schreibe zu jeder Uhrzeit mindestens zwei verschiedene Aussagen auf.

Viertel vor 8	**Viertel nach 10**	halb 2	10 vor 5
7.45 Uhr	**10.15 Uhr**	**13.30 Uhr**	**4.50 Uhr**
19.45 Uhr	**22.15 Uhr**	**1.30 Uhr**	**16.50 Uhr**

67

Lösungen – Größen und Messen • Niveau B

4 Vergleiche. Was ist länger? Kreuze an.

Hinweis: Stelle dir die Gegenstände vor und vergleiche sie gedanklich.

[X] Auto	[ ] Tür
[X] Federmäppchen	[ ] Füller
[X] Tafel	[ ] T-Shirt
[ ] Streichholz	[X] Postkarte

5 Miss die Länge der folgenden Gegenstände und schreibe deine Ergebnisse auf. **Tipp:** Die Pfeile helfen dir beim Messen.

Hinweis: Lege das Lineal so an: Der Nullpunkt sollte unter der Spitze des linken Pfeils liegen. Die Spitze des rechten Pfeils ist das Ende der Strecke.

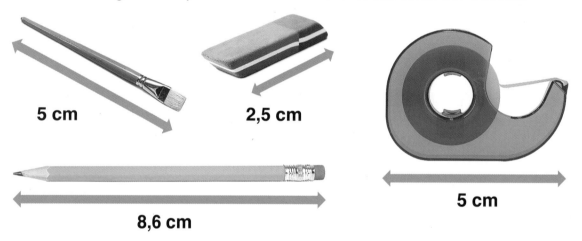

5 cm   2,5 cm   5 cm   8,6 cm

 Miss auch deine eigenen Gegenstände und vergleiche.
Mein Bleistift/Pinsel/Radiergummi ist länger.

6 Trage den fehlenden Minutenzeiger (blau ⟶) oder den fehlenden Stundenzeiger (rot ⟶) ein.

| 14.45 Uhr | 12.10 Uhr | 23.06 Uhr | 16.31 Uhr |

Lösungen – Größen und Messen • Niveau B

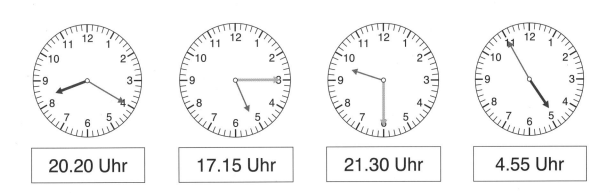

| 20.20 Uhr | 17.15 Uhr | 21.30 Uhr | 4.55 Uhr |

Übungsset 3

1 Wie viel Geld ist es? Trage ein.

Hinweis: Du kannst auf einem Blockblatt rechnen und die Beträge mit Rechengeld legen.

a)

1 ct	2 ct	5 ct	10 ct	20 ct	50 ct	Gesamt
III	II	I	–	I	I	**82** Cent
I	–	II	I	III	–	**81** Cent
I	I	–	–	II	I	**93** Cent
III	III	–	I	III	–	**79** Cent

Ordne die Beträge der Größe nach. Beginne mit dem kleinsten.
79 ct < 81 ct < 82 ct < 93 ct

b)

1 €	2 €	5 €	10 €	20 €	50 €	Gesamt
I	II	II	II	III	–	**95** Euro
II	III	↯↯↯↯	I	–	I	**93** Euro
↯↯↯↯ I	II	I	II	II	–	**75** Euro
I	↯↯↯↯ II	II	I	–	I	**85** Euro

Ordne die Beträge der Größe nach. Beginne mit dem kleinsten.
75 € < 85 € < 93 € < 95 €

Lösungen – Größen und Messen • Niveau B

2 Marius hat sich folgende Kleidungsstücke gekauft. Er bezahlt mit möglichst wenigen Scheinen und Münzen. Male sie neben die Bilder.

Hinweis: Da Marius mit möglichst wenigen Scheinen und Münzen bezahlt, gibt es jeweils nur eine Lösungsmöglichkeit. Beginne mit dem größtmöglichen Schein oder der größtmöglichen Münze und werde dann immer kleiner.

3 Hier siehst du verschiedene Strecken.

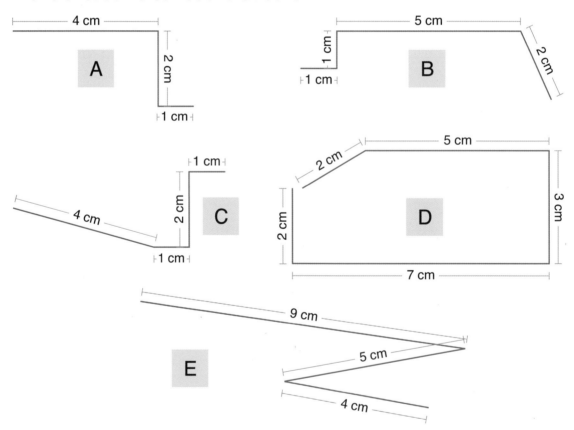

Hinweis: Bei der Schätzung in a) und b) gibt es keine Vorgabe, da dies eine individuelle Antwort ist.
Beim Messen kannst du die Längen der Teilabschnitte in die Zeichnung schreiben. Du kannst die Gesamtlängen auf einem Blockblatt berechnen.

a) Schätze, welche der Strecken am längsten ist.

Lösungen – Größen und Messen • Niveau B

b) Schätze nun, wie lang die einzelnen Strecken sind. Trage deine Schätzungen in die Tabelle unten ein.

c) Miss nun nach und trage deine Messungen in die Tabelle ein.
Tipp: Miss die Länge aller Teilabschnitte einer Strecke und berechne so die Gesamtlänge.

Figur	geschätzt	gemessen
A		7 cm
B		9 cm
C		8 cm
D		19 cm
E		18 cm

4 Sieh dir den Wecker an und schreibe die richtigen Uhrzeiten in die Kästen.

Hinweis: Hier wäre es auch möglich, die Uhrzeit 23.55 Uhr abzulesen. In diesem Fall ändern sich die Ergebnisse im Uhrzeigersinn auf folgende Uhrzeiten (beginnend mit dem Kasten rechts oben): 1.00 Uhr, 0.20 Uhr, 4.55 Uhr, 23.45 Uhr, 1.55 Uhr, 21.55 Uhr

Vor 2 Stunden:
9.55 Uhr

In 1 Stunde und 5 Minuten:
13.00 Uhr

In 2 Stunden:
13.55 Uhr

In 25 Minuten:
12.20 Uhr

Vor 10 Minuten:
11.45 Uhr

In 5 Stunden:
16.55 Uhr

71

Lösungen – Größen und Messen • Niveau B

5 Das Schwimmbecken ist 25 m lang und 12 m breit. Berechne, wie weit die Kinder schwimmen.

> **Hinweis:**
> zu a) Hier kannst du 25 m + 25 m + 25 m oder 3 · 25 m rechnen.
> zu b) Hier kannst du 2 · 12 m + 25 m oder 12 m + 12 m + 25 m rechnen.
> zu c) Hier kannst du 12 m + 25 m + 12 m + 25 m oder 2 · 12 m + 2 · 25 m rechnen.
> zu d) Die Einerstelle 7 kann ein Hinweis auf die Lösung sein, da 12 + 25 = 37.

a) Tobias schwimmt dreimal die lange Bahn:

75 m

b) Mara schwimmt zweimal die kurze und einmal die lange Bahn:

49 m

c) Stefan schwimmt eine Runde am Rand entlang:

74 m

 d) Lilli schwimmt 87 m. Überlege, wie sie geschwommen ist.

Sie ist dreimal die lange Bahn geschwommen und einmal die kurze.

Lösungen – Größen und Messen • Niveau B

6 Schau dir den Kalender an und prüfe, ob die Aussagen richtig (r) oder falsch (f) sind. Kreuze an. Schreibe deine Verbesserungen dazu.

Kalender 2019

	r	f	Verbesserung
Ostern ist am Sonntag und Montag.	X		
Der Mai hat 5 Samstage.		X	Er hat nur 4 Samstage.
Der März hat genauso viele Tage wie der August.	X		
Der 8. Oktober ist ein Dienstag.	X		
Am 4. Mittwoch im Dezember ist Weihnachten.	X		
Im Mai sind vier Feiertage.		X	Es sind zwei Feiertage: Tag der Arbeit und Christi Himmelfahrt

73

Lösungen – Größen und Messen • Niveau B

Übungsset 4

1 Du bist im Supermarkt. Ergänze die Tabelle. Rechne auf einem Blockblatt.

Hinweis: Addiere (+) die Preise der gekauften Dinge. Denke an die Umrechnung 100 ct = 1 €. Berechne das Rückgeld durch Subtraktion (–).

Ich kaufe	Preis	Ich habe	Ich bekomme zurück
1 kg Äpfel, 2 Melonen, 1 Ananas, 3 Bananen	2 € + 6 € + 1 € 80 ct + 1 € 50 ct = 11 € 30 ct	20 €	**8 € 70 ct**
Salat, Gurke, 3 Bananen	1 € + 70 ct + 1,50 € = 3,20 €	10 €	**6 € 80 ct**
2 Gurken, 3 Paprika	1 € 40 ct + 1 € 20 ct = 2 € 60 ct	5 €	**2 € 40 ct**
2 kg Kartoffeln, 1 Ananas, 2 Paprika	3 € + 1 € 80 ct + 80 ct = 5 € 60 ct	10 €	**4 € 40 ct**

 Melissa bezahlt genau 5 Euro. Zeichne oder schreibe auf, was sie gekauft haben könnte. Finde 3 Möglichkeiten.

Lösungsvorschlag:

2 × Salat und 1 × Melone	2 kg Kartoffeln und 1 kg Äpfel	10 Bananen

2 Familie Müller geht Ski fahren. Sieh dir das Bild genau an.

✎ *Hinweis: Fragen, die nicht beantwortet werden können, darfst du frei lassen, alle anderen erfordern eine Rechnung.*

Lösungen – Größen und Messen • Niveau B

a) Kannst du die Fragen mithilfe einer Rechnung beantworten?

	ja	nein	Rechnung
Wie viel muss Familie Müller für den Skipass bezahlen?	X	☐	18 € + 18 € + 12 € + 12 € + 12 € = 72 €
Was will die Familie essen?	☐	X	
Wie viele Stunden hat die Hütte täglich geöffnet?	X	☐	8.30 Uhr + 10 h 30 min = 19 Uhr
Warum ist im Zeitraum März bis November am Dienstag Ruhetag?	☐	X	
Wie viel muss Vater Müller bezahlen, wenn er 2-mal Pommes, 5 Limonaden, 1 Suppe und 2 Kaiserschmarrn kaufen will?	X	☐	6 € 40 ct + 11 € + 3 € 50 ct + 16 € = 36 € 90 ct
Wann ist die Familie losgefahren?	☐	X	

b) Max hat Hunger. Er kauft sich eine Suppe und eine Portion Kaiserschmarrn. Dabei bezahlt er mit einem 20-€-Schein.

Frage: **Wie viel bekommt er zurück?**

Rechnung: **3 € 50 ct + 8 € = 11 € 50 ct**
20 € − 11 € 50 ct = 8 € 50 ct

Antwort: **Er bekommt 8 € 50 ct zurück.**

c) Wie lange sitzt die Familie im Sessellift, wenn sie ihn 7-mal benutzt?

Rechnung: **7 · 8 min = 56 min**
Antwort: **Sie sitzt insgesamt 56 min im Lift.**

Lösungen – Größen und Messen • Niveau B

3 Zeichne folgende Strecken mit Lineal und markiere das Ende deutlich. Beginne bei dem Punkt.

Hinweis: Benutze einen gespitzten Bleistift und lege das Lineal richtig an. Der Nullpunkt liegt auf der Markierung. Markiere das Ende der Linie mit einem kleinen Strich, damit man es besser erkennen kann.

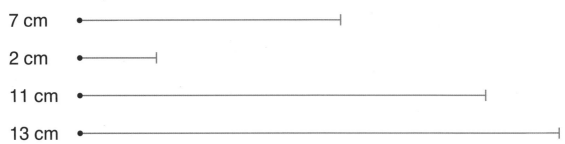

4 a) Rechne die Zeitangaben in Monate um.

Hinweis: Denke an die Umrechnung: 1 Jahr = 12 Monate

2 Jahre	= **24 Monate**
1 Jahr und 5 Monate	= **17 Monate**
3 Jahre und 2 Monate	= **38 Monate**
2 Jahre und 6 Monate	= **30 Monate**

 b) Rechne die Zeitangaben in Wochen und Tage **oder** in Jahre und Monate um. Entscheide dich jeweils für die sinnvolleren Einheiten.

Hinweis: Überlege, wie dir Zeitangaben im Alltag begegnen. Denke an die Umrechnungen: 1 Jahr = 12 Monate; 1 Woche = 7 Tage

15 Monate	= **1 Jahr und 3 Monate**
16 Tage	= **2 Wochen und 2 Tage**
20 Monate	= **1 Jahr und 8 Monate**
27 Tage	= **3 Wochen und 6 Tage**

Daten, Häufigkeiten und Wahrscheinlichkeiten
Niveau A

Übungsset 1

1 Tom will mit geschlossenen Augen ein **weißes Plättchen** ziehen. In welcher Kiste ist das möglich, in welcher sicher und in welcher unmöglich? Verbinde.

Hinweis: Möglich, sicher und unmöglich sind mathematische Fachbegriffe, die in diesem Kapitel immer wieder verwendet werden. „Sicher" heißt, dass Tom nichts anderes als ein weißes Plättchen ziehen kann. Das ist der Fall, wenn nur weiße Plättchen in der Kiste sind. „Möglich" bedeutet, dass es wahrscheinlich ist, dass Tom ein weißes Plättchen zieht, es aber auch ein andersfarbiges Plättchen sein könnte. Es sind also sowohl weiße als auch andersfarbige Plättchen in der Kiste. „Unmöglich" heißt, dass Tom auf keinen Fall ein weißes Plättchen ziehen kann, weil in der Kiste gar kein weißes Plättchen ist.

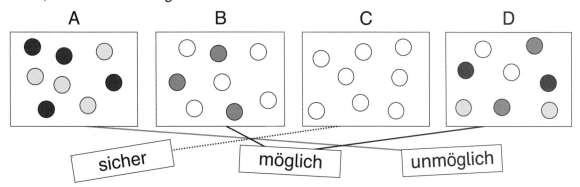

2 Tara zieht mit geschlossenen Augen ein **blaues Plättchen**. Male die Plättchen zu den Schildern passend blau (= ●), rot (= ●) und gelb (= ●) aus.

Hinweis: Bei „möglich" sind mehrere Lösungen richtig, z. B. 2 blaue Plättchen oder auch 4 blaue Plättchen, aber nicht 5 blaue Plättchen oder gar kein blaues Plättchen. Auch „unmöglich" kann unterschiedlich dargestellt werden. Es darf jedoch kein blaues Plättchen enthalten sein.

Lösungsvorschlag:

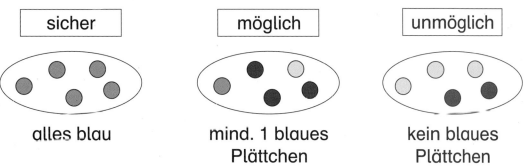

79

Lösungen – Daten, Häufigkeiten und Wahrscheinlichkeiten • Niveau A

3 Jedes Kind hat 16-mal gewürfelt.

Hinweis: Zähle jeweils die Striche in der Zeile mit der Sechs.

Tim		Maja		Bastian		Lena	
⚀	IIII	⚀	II	⚀	II	⚀	III
⚁	I	⚁	IIII	⚁	I	⚁	II
⚂	I	⚂	I	⚂	III	⚂	I
⚃	III	⚃	III	⚃	I	⚃	III
⚄	I	⚄	II	⚄	II	⚄	II
⚅	℟℟ I	⚅	IIII	⚅	℟℟ II	⚅	℟℟

Wie oft hat jedes Kind die ⚅ gewürfelt? Schreibe die Zahlen auf.

Tim: **6** Maja: **4** Bastian: **7** Lena: **5**

Übungsset 2

1 a) Du hast **acht 1-Cent-Münzen** mit einer Zahlenseite und einer Eichenblattseite. Wie können sie zusammengestellt werden? Beschrifte die Kreise unten entsprechend. Schreibe die Rechnung dazu. Ordne die Möglichkeiten wie in den Beispielen. Zeichne jede Möglichkeit nur einmal in die Tabelle.

b) Wirf die Münzen nun auf den Tisch. Welche Möglichkeit ist gefallen? Mache bei der Möglichkeit einen Strich in die Tabelle. Spiele das Spiel ca. 10 Minuten.

Hinweis: Ziel ist, dass alle Möglichkeiten gewürfelt werden. Es kann aber natürlich sein, dass nicht alle fallen. Durch die Strichlisten ermittelst du, wie häufig die Möglichkeiten jeweils vorkamen.

Möglichkeit	Rechnung	Strichliste
① ① ① ① ① ① ① ①	0 + 8 = 8	
🍂 ① ① ① ① ① ① ①	1 + 7 = 8	
🍂 🍂 ① ① ① ① ① ①	2 + 6 = 8	

80

Lösungen – Daten, Häufigkeiten und Wahrscheinlichkeiten • Niveau A

Möglichkeit	Rechnung	Strichliste
🌿 🌿 🌿 ① ① ① ① ①	3 + 5 = 8	
🌿 🌿 🌿 🌿 ① ① ① ①	4 + 4 = 8	
🌿 🌿 🌿 🌿 🌿 ① ① ①	5 + 3 = 8	
🌿 🌿 🌿 🌿 🌿 🌿 ① ①	6 + 2 = 8	
🌿 🌿 🌿 🌿 🌿 🌿 🌿 ①	7 + 1 = 8	
🌿 🌿 🌿 🌿 🌿 🌿 🌿 🌿	8 + 0 = 8	

c) Welche drei Möglichkeiten sind am häufigsten gefallen? Schreibe die Rechnungen auf die Linien.

✏ Hinweis: Deine Antwort hängt von deinem Ergebnis beim Werfen der Münzen ab. Die angegebene Lösung ist also nur ein Beispiel.

Lösungsvorschlag:

3 + 5 = 8   **2 + 6 = 8**   **5 + 3 = 8**

d) Warum sind diese Möglichkeiten am häufigsten gefallen? Begründe.

Weil die Münzen oft auf verschiedene Seiten fallen. Es ist unwahrscheinlich, dass alle Münzen „Zahl" oder „Blatt" zeigen.

81

2 In der Klasse 1a gibt es Jungen und Mädchen.
Zähle im Säulendiagramm, wie viele Mädchen und Jungen es sind.
Ein Kästchen entspricht einem Kind.
Trage dein Ergebnis als Striche und Zahlen unten ein.

Hinweis: Die Gesamtmenge kannst du im Kasten „Zahlen" auch als Plusaufgabe notieren.

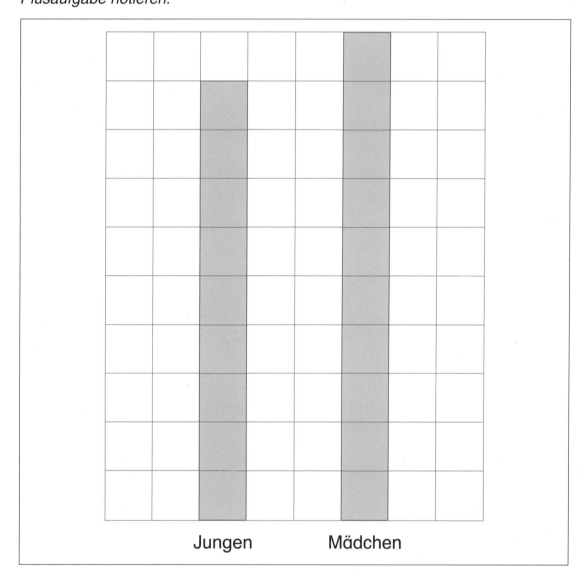

Strichliste

Jungen: ||||| ||||

Mädchen: ||||| |||||

Insgesamt: ||||| ||||| ||||| ||||

Zahlen

Jungen: 9

Mädchen: 10

Insgesamt: 19

Lösungen – Daten, Häufigkeiten und Wahrscheinlichkeiten • Niveau A

Übungsset 3

1 Amy feiert Geburtstag und es sind viele Kinder eingeladen. Es gibt verschiedene Kuchen. Den Kindern schmeckt es.

Hinweis: Hier musst du keine genauen Mengen angeben. Du sollst nur durch Augenmaß ermitteln, wer am meisten bzw. am wenigsten gegessen hat.

a) Wer hat jeweils am meisten gegessen?

Vincent   **Paul**   **Jason**

b) Wer hat jeweils am wenigsten gegessen?

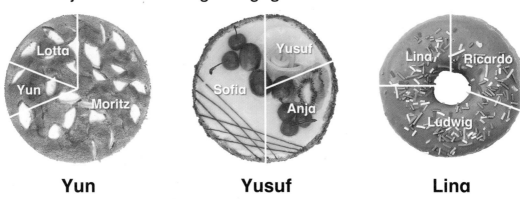

Yun   **Yusuf**   **Lina**

2 Sicher, möglich oder unmöglich? Kreuze an.

Hinweis: „Sicher" bedeutet, dass das Ereignis auf jeden Fall eintritt. „Möglich" bedeutet, dass das Ereignis eintreten kann, aber auch nicht eintreten kann. „Unmöglich" bedeutet, dass das Ereignis auf keinen Fall eintreten kann.

		sicher	möglich	unmöglich
a)	In der Schule trägt Jens gern ein kurzes Shirt und eine lange Hose.	☐	☒	☐
b)	Max freut sich im Sommer über 25 Grad und leichten Schneefall.	☐	☐	☒
c)	Michael kauft sich ein blaues Auto, wenn er mal groß ist.	☐	☒	☐

Lösungen – Daten, Häufigkeiten und Wahrscheinlichkeiten • Niveau A

	sicher	möglich	unmöglich
d) Opa Lutz ist jünger als seine älteste Tochter Jana.	☐	☐	☒
e) Lisa wird nächstes Jahr ein Jahr älter.	☒	☐	☐

3 Frau Müller fragt die Kinder der Klasse 1b, wie sie morgens zur Schule kommen. Die Kinder antworten wie folgt:

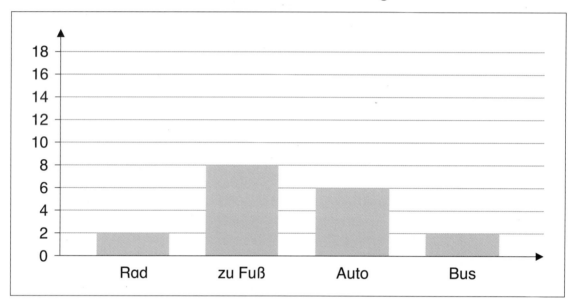

a) Trage die Anzahl der Kinder aus dem Diagramm ein.

✏️ *Hinweis: Achte auf die Zahlen links und lies ab, wie hoch die Säulen sind.*

2 Kinder fahren mit dem Rad zur Schule.
6 Kinder werden mit dem Auto zur Schule gefahren.
2 Kinder fahren mit dem Schulbus.
8 Kinder laufen zur Schule.

b) Kreuze richtige Aussagen an.

✏️ *Hinweis: Rechne mit den Zahlen, die du in Aufgabe a abgelesen hast.*

☐ Es kommen mehr Kinder mit Auto und Bus zur Schule als zu Fuß.

☒ Die meisten Kinder laufen zu Fuß zur Schule.

☐ Nur wenige Kinder kommen mit Roller.

☒ Es kommen genauso viele Kinder mit Rad und Auto zur Schule wie zu Fuß.

c) Schreibe **drei** eigene Aussagen auf, die zum Diagramm passen.

Lösungsvorschlag:

1. Es gibt mehr **Kinder, die zu Fuß zur Schule kommen, als Kinder, die mit dem Rad fahren.**
2. **Es kommen genauso viele Kinder mit dem Bus wie mit dem Rad.**
3. **Sechs Kinder werden mit dem Auto gebracht.**

Übungsset 4

1 Du brauchst einen Spielwürfel. Beklebe zwei Flächen des Spielwürfels blau und die anderen vier Flächen gelb.

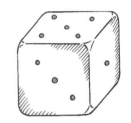

a) Würfle insgesamt 30-mal und notiere die Würfelergebnisse in der Tabelle als Strichliste.

Blau	
Gelb	

✏ *Hinweis: Die Lösung ist individuell, aber du solltest öfter Gelb als Blau gewürfelt haben.*

Welche Farbe fällt öfter?   **Gelb**

Schau dir den Würfel noch einmal an. Vergleiche dein Ergebnis mit der Anzahl der blauen und der gelben Flächen. Was stellst du fest?

Es gibt doppelt so viele gelbe wie blaue Flächen. Deshalb fällt die gelbe Seite öfter (bestenfalls doppelt so oft).

b) Beklebe nun nur eine Fläche des Spielwürfels blau und die anderen gelb. Würfle wieder 30-mal. Trage die Ergebnisse in die Tabelle ein.

Blau	
Gelb	

✏ *Hinweis: Auch hier ist die Lösung individuell, aber diesmal sollte Gelb noch häufiger gefallen sein.*

Was stellst du im Vergleich zu Aufgabe a fest? Begründe.

Die gelbe Fläche fällt noch häufiger als bei a), da es noch eine gelbe Fläche mehr gibt (insgesamt 5 gelbe Flächen) und die Wahrscheinlichkeit damit größer ist.

c) Wer hat wohl welchen Spielwürfel benutzt? Verbinde richtig.

Hinweis: Vergleiche die Strichlisten mit den Würfeln. Wenn ein Würfel genauso viele gelbe wie blaue Flächen hat, ist es wahrscheinlich, dass dann auch genauso oft Gelb gewürfelt wird wie Blau. Wenn ein Würfel nur eine blaue, aber fünf gelbe Flächen hat, ist es wahrscheinlich, dass Gelb 5-mal so häufig fällt wie Blau. Wenn ein Würfel zwei blaue und vier gelbe Flächen hat, ist es wahrscheinlich, dass Gelb doppelt so oft fällt wie Blau. Wenn ein Würfel nur blaue Flächen hat, kann es nur Striche bei Blau geben.

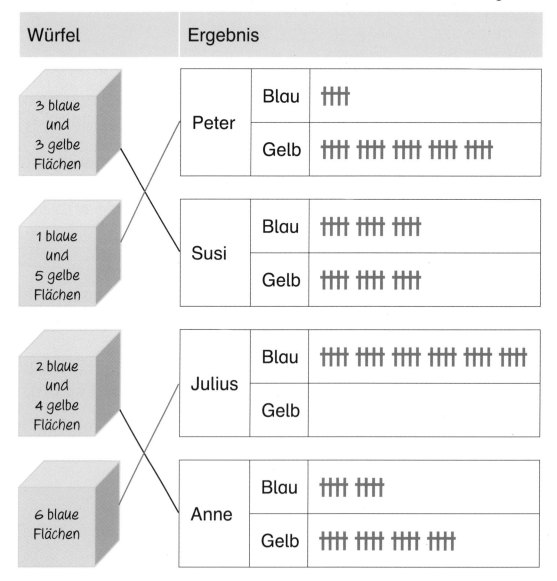

Lösungen – Daten, Häufigkeiten und Wahrscheinlichkeiten • Niveau A

2 Lilly darf sich heute das Obst für das Pausenbrot selbst aussuchen. 2 Obstsorten darf sie sich nehmen. Es sind 4 verschiedene Obstsorten auf dem Teller: Banane (B), Apfel (A), Orange (O) und Trauben (T).

Hinweis: Gehe systematisch vor. Notiere zuerst, welche Kombinationsmöglichkeiten es mit der Banane (B) gibt. Lilly kann dazu noch einen Apfel (A), eine Orange (O) oder Trauben (T) nehmen. Schreibe dann auf, was Lilly mit einem Apfel (A) kombinieren kann. Achtung: Die Kombination Apfel – Banane (A – B) ist dieselbe wie Banane – Apfel (B – A), die du ja schon aufgeschrieben hast. Notiere dann, was Lilly mit einer Orange (O) kombinieren kann. Achte auch hier wieder darauf, dass du die Kombinationen mit Banane (B) und Apfel (A), also B – O und A – O, bereits notiert hast. Zuletzt kannst du noch einmal prüfen, ob du auch alle Kombinationen mit den Trauben (T) schon aufgeschrieben hast (B – T, A – T, O – T).

Finde alle Möglichkeiten, die Lilly hat, um 2 Obstsorten auszuwählen.

B–A, B–O, B–T, A–O, A–T, O–T

Es gibt 6 Möglichkeiten.

87

Daten, Häufigkeiten und Wahrscheinlichkeiten
Niveau B

Übungsset 1

1 a) Die Kinder Lina, Rafael, Leon und Milla wollen mit Murmeln spielen. Es gibt blaue und grüne Murmeln. Jeder greift sich verschieden viele Murmeln und erkennt:

Male die Murmeln der 4 Kinder passend zur Aussage in die Gläser.

Hinweis: Die Menge der Murmeln ist hier nicht vorgegeben. Wichtig ist, dass die Verhältnisse stimmen. Lies also genau, was die Kinder sagen.

Lösungsvorschlag:

z. B. **4 blaue, 4 grüne**	z. B. **6 grüne Murmeln**	z. B. **3 grüne, 6 blaue**	z. B. **5 grüne, 2 blaue**
Lina	Rafael	Leon	Milla

 b) Bei dem Glas von welchem Kind hast du die größte Chance, eine blaue Murmel zu ziehen? Begründe.

Hinweis: Schau genau, in welchem Glas du mehr blaue als grüne Murmeln hast.

Die größte Chance, eine blaue Murmel zu ziehen, habe ich bei Leon, weil er doppelt so viele blaue wie grüne Murmeln hat und damit die Wahrscheinlichkeit für eine blaue Murmel am größten ist.

c) Zeichne ein Glas mit Murmeln, aus dem du ganz sicher eine blaue Murmel ziehen würdest.

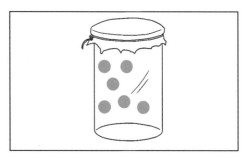

Hinweis: Das Glas sollte nur blaue Murmeln enthalten, damit du ganz sicher eine blaue Murmel ziehst. Wie viele blaue Murmeln es sind, spielt keine Rolle.

2 Die Klasse 2a möchte sich am ersten Schultag den anderen Klassen vorstellen. Dazu hat sie ein Diagramm von sich erstellt. Betrachte das Diagramm ganz genau und fülle die Lücken im Text.

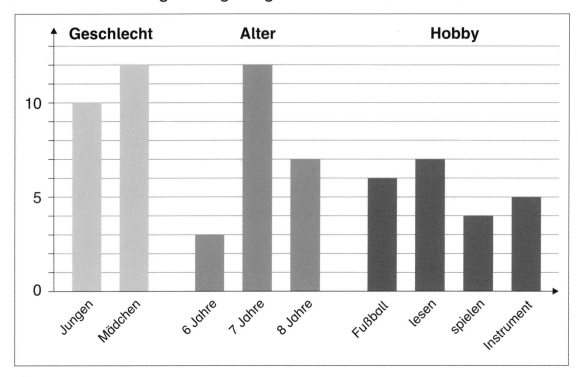

✏️ *Hinweis:* Lies den Text genau, vielleicht sogar mehrmals, und sieh dir das Diagramm gut an. Die Gesamtzahl der Kinder liest du am besten beim Geschlecht ab. Hier kannst du 10 Jungen zu 12 Mädchen addieren. Die Säulen für das Alter findest du in der Mitte des Diagramms. Das zeigt dir die Überschrift. Beim Hobby musst du die Anzahl der Kinder, die gerne spielen, zur Anzahl der Kinder, die gern lesen, addieren (4 + 7 = 11). Die Hobbys Fußball und Instrument kannst du direkt mithilfe der Säulen ablesen.

In unsere Klasse 2a gehen insgesamt **22** Kinder. Davon sind **12** Mädchen und **10** Jungen.
Die meisten Kinder in unserer Klasse sind **7** Jahre alt. Es gibt **7** Kinder, die schon 8 Jahre alt sind, und noch **3** Kinder, die erst 6 Jahre alt sind.
In der Freizeit spielen **6** Kinder gern Fußball. Ein Instrument lernen nur **5** Kinder. **11** Kinder lesen oder spielen gern.

Lösungen – Daten, Häufigkeiten und Wahrscheinlichkeiten • Niveau B

Übungsset 2

1 a) Lina, Rafael, Leon und Milla würfeln mit einem weiß-schwarzen Würfel.

Welches Würfelergebnis gehört zu welchem Kind? Trage ein.

✏️ **Hinweis:** Zähle die Strichlisten aus und prüfe die Verhältnisse.
Wenn Weiß genauso viele Striche hat wie Schwarz, hat der Würfel genauso viele weiße wie schwarze Flächen. Das entspricht dem Würfel von Rafael mit 3 weißen und 3 schwarzen Flächen.
Wenn Weiß halb so viele Striche hat wie Schwarz, hat der Würfel auch nur halb so viele weiße Flächen (also 2 weiße und 4 schwarze Flächen wie der Würfel von Lina).
Gibt es nur Striche bei Weiß, hat der Würfel nur weiße Flächen. Das passt zur Aussage von Milla.
Bekommt Schwarz 5-mal so viele Striche wie Weiß, so hat der Würfel 5-mal so viele schwarze wie weiße Flächen (also 1 weiße und 5 schwarze Flächen). Hier passt Leons Würfel.

Lösungen – Daten, Häufigkeiten und Wahrscheinlichkeiten • Niveau B

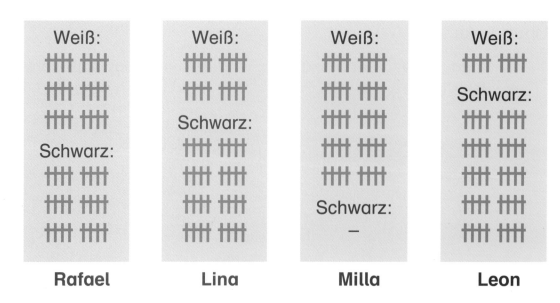

b) Die Kinder treffen Aussagen über ihre Würfelergebnisse. Male die richtigen Aussagen grün (= 🟢) und die falschen gelb (= 🟡) aus.

✏️ *Hinweis:* Überlege hier noch einmal, was die Begriffe „sicher", „möglich" und „unmöglich" bedeuten. „Sicher" heißt, dass keine andere Möglichkeit eintreten kann. Leon hat z. B. einen Würfel mit weißen und schwarzen Flächen. Es ist damit sicher, dass er eine der beiden Farben würfelt. „Möglich" heißt, dass das genannte Ereignis eintreten kann, aber auch ein anderes möglich ist. Rafaels Würfel hat z. B. auch weiße und schwarze Flächen, also ist es möglich, dass er Weiß würfelt. „Unmöglich" heißt, dass ein Ereignis auf keinen Fall eintreten kann. Millas Würfel hat nur weiße Flächen, also ist es unmöglich, dass sie Schwarz würfelt.

| Lina: Es ist sicher, dass ich Schwarz würfle. (gelb) | Milla: Es ist unmöglich, dass ich Schwarz würfle. (grün) | Rafael: Es ist möglich, dass ich Weiß würfle. (grün) |

| Leon: Es ist sicher, dass ich Schwarz oder Weiß würfle. (grün) | Rafael: Es ist möglich, dass ich Grau würfle. (gelb) |

c) Lina und Rafael finden zwei weitere Würfel in ihrem Spielzimmer. Wie sehen die Würfel aus? Trage ein.

✏️ *Hinweis:* Die Würfel haben jeweils 6 Flächen. Die Farben müssen im gleichen Verhältnis verteilt werden, wie die Striche auf der Strichliste verteilt sind. Würfel 1 hat doppelt so viele schwarze und 3-mal so viele weiße wie graue Flächen. Würfel 2 hat genauso viele weiße wie schwarze Flächen, aber 4-mal so viele graue Flächen.

Lösungen – Daten, Häufigkeiten und Wahrscheinlichkeiten • Niveau B

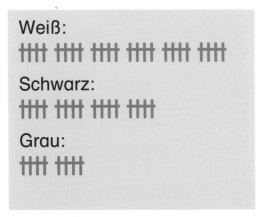

Würfel 1	Würfel 2
Weiß: ⫲⫲⫲⫲ ⫲⫲⫲⫲ ⫲⫲⫲⫲ ⫲⫲⫲⫲ ⫲⫲⫲⫲ ⫲⫲⫲⫲	Weiß: ⫲⫲⫲⫲ ⫲⫲⫲⫲
Schwarz: ⫲⫲⫲⫲ ⫲⫲⫲⫲ ⫲⫲⫲⫲ ⫲⫲⫲⫲	Schwarz: ⫲⫲⫲⫲ ⫲⫲⫲⫲
Grau: ⫲⫲⫲⫲ ⫲⫲⫲⫲	Grau: ⫲⫲⫲⫲ ⫲⫲⫲⫲ ⫲⫲⫲⫲ ⫲⫲⫲⫲ ⫲⫲⫲⫲ ⫲⫲⫲⫲ ⫲⫲⫲⫲ ⫲⫲⫲⫲

Der Würfel hat **3** weiße, **2** schwarze und **1** graue Fläche.

Der Würfel hat **1** weiße, **1** schwarze und **4** graue Flächen.

 Begründe deine Antwort.

Die Anzahl der Flächen auf dem Würfel muss zum Würfelergebnis passen, z. B.: 30-mal Weiß gewürfelt sind ungefähr 3 Flächen.

2 Du möchtest dir vom Taschengeld ein Eis kaufen. In der Eisdiele in der Stadt gibt es nur drei Sorten zur Auswahl:
Schokolade (S) • **Erdbeere (E)** • **Vanille (V)**
Dein Geld reicht genau für zwei Kugeln.

a) Wie kannst du dir dein Eis zusammenstellen? Male oder schreibe alle Möglichkeiten auf.
Tipp: Du kannst auch 2-mal die gleiche Sorte nehmen.

 Achtung: Dies sind nicht 2 verschiedene Möglichkeiten!
Auch wenn die Kugeln unterschiedlich liegen, ist es doch das gleiche Eis.

Hinweis: Gehe systematisch vor. Notiere erst, welche Sorten du mit Schokolade (S) kombinieren kannst, dann die Kombinationsmöglichkeiten mit Erdbeere (E) und schließlich die Kombinationsmöglichkeiten mit Vanille. Achte darauf, dass du keine Kombination doppelt hast. S – E ist z. B. dieselbe Kombination wie E – S.

S–E, S–V, S–S, E–E, E–V, V–V
Es gibt insgesamt 6 Möglichkeiten.

Lösungen – Daten, Häufigkeiten und Wahrscheinlichkeiten • Niveau B

b) Ergänze das Schaubild.

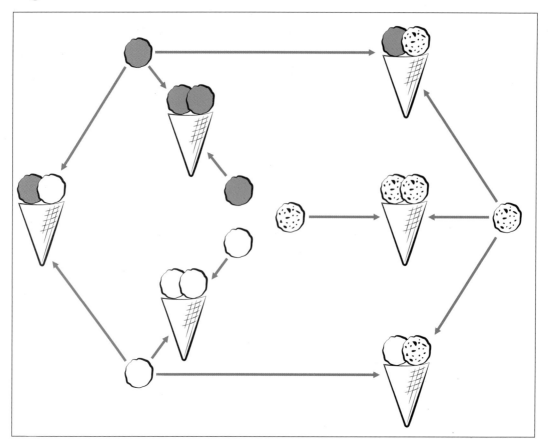

Übungsset 3

1 In der Klasse 2a haben die Kinder eine Umfrage zu Haustieren gemacht. Viele Kinder haben ein oder sogar mehrere Haustiere.

a) Sieh dir die Tabelle an und male ein passendes Säulendiagramm. Zeichne mit Lineal und Bleistift.

kein Tier	Hund	Katze	Hamster	Vogel	Maus	Schildkröte
II	IIII III	IIII II	II	IIII	I	IIII

Hinweis: Zähle die Striche und zeichne die Säulen in den entsprechenden Höhen. Links im Diagramm kannst du die passenden Zahlen ablesen.

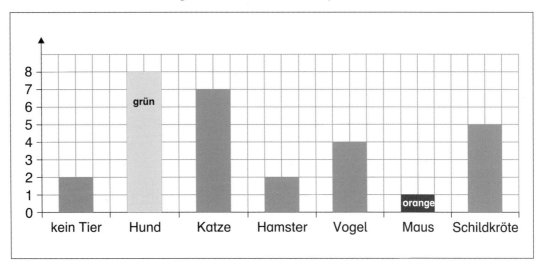

b) Male die Säule des häufigsten Haustiers grün aus und die des Haustiers, das am wenigsten vorkommt, orange.

c) Kreuze die richtigen Aussagen zu dem Diagramm an.
- [X] Es gibt mehr Kinder mit Katzen als mit Schildkröten.
- [ ] Die meisten Kinder haben kein Haustier.
- [ ] Die wenigsten Kinder mit Haustier haben einen Hamster.
- [X] Es gibt mehr Nagetiere als Haustiere als Eidechsen.
- [X] Die meisten Kinder haben Vierbeiner als Haustiere.
- [ ] Es gibt doppelt so viele Kinder mit Hund wie Kinder mit Vogel.

2 Ergänze die Tabelle mit den 2 Würfeln, indem du die Würfelaugen addierst.

+	⚀	⚁	⚂	⚃	⚄	⚅
⚀	2	3	4	5	6	7
⚁	3	4	5	6	7	8
⚂	4	5	6	7	8	9
⚃	5	6	7	8	9	10
⚄	6	7	8	9	10	11
⚅	7	8	9	10	11	12

a) Welche Augensumme kann am häufigsten fallen?

7

b) Mit welcher Augensumme ist es am wahrscheinlichsten, bei einer Würfelwette zu gewinnen?

7

Begründe. **Tipp:** Deine Antwort bei Aufgabe a kann dir helfen.
Die Augensumme 7 hat die meisten Möglichkeiten zu fallen: (6/1), (5/2), (4/3), (3/4), (2/5), (1/6)

c) Male alle geraden Ergebnisse blau (= ■) und alle ungeraden gelb (= ■) an.

d) Würfelt man mit 2 Würfeln eher eine gerade oder ungerade Augensumme? Begründe.
Die Wahrscheinlichkeit, eine gerade Zahl zu würfeln, ist genauso groß, wie eine ungerade zu würfeln (18 Möglichkeiten von 36).

e) Sophie schlägt ihrer Freundin Mara Wetten vor. Welche sollte Mara unbedingt annehmen? Kreuze an.

☐ Wir würfeln mit zwei Spielwürfeln und addieren die Zahlen. Wenn die Augensumme gerade ist, gewinne ich.

☐ Wir würfeln mit zwei Spielwürfeln und addieren die Zahlen. Wenn die Augensumme 6, 7 oder 8 ist, gewinnst du.

☒ Wir würfeln mit zwei Spielwürfeln und addieren die Zahlen. Wenn die Augensumme 2 oder 12 ist, gewinne ich.

☐ Wir würfeln mit zwei Spielwürfeln und addieren die Zahlen. Wenn die Augensumme 3, 8 oder 9 ist, gewinnst du.

3   Du hast Legosteine in 3 verschiedenen Farben. Baue Türme aus jeweils 3 Legosteinen.

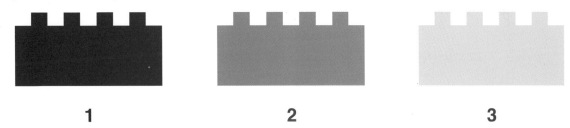

1　　　　　　　　2　　　　　　　　3

Hinweis: Gehe systematisch vor. Beginne mit Farbe 1 an erster Stelle und finde alle Kombinationsmöglichkeiten. Gehe dann weiter zu Farbe 2 an erster Stelle und finde auch hier alle Kombinationsmöglichkeiten. Zum Schluss setzt du Farbe 3 an die erste Stelle und findest hierzu alle Kombinationsmöglichkeiten.

a) Wie viele verschiedene Türme kannst du bauen, wenn du jede Farbe mehrmals pro Turm verwenden darfst?

Tipp: Du kannst schreiben, malen oder rechnen.

1/1/1, 1/1/2, 1/1/3, 1/2/1, 1/2/2, 1/2/3, 1/3/1, 1/3/2, 1/3/3, 2/1/1, 2/1/2, 2/1/3, 2/2/1, 2/2/2, 2/2/3, 2/3/1, 2/3/2, 2/3/3, 3/1/1, 3/1/2, 3/1/3, 3/2/1, 3/2/2, 3/2/3, 3/3/1, 3/3/2, 3/3/3
→ **27 Möglichkeiten sind es.**

b) Du möchtest nur mit den 3-farbigen Türmen weiterbauen. Wie viele Türme sind es?

6 Türme sind 3-farbig.

Übungsset 4

1 Die Kinder Sibel, Lara, Felix und Luca sind auf einer Geburtstagsfeier und essen Pizza.

Hinweis: Lies nur mit Augenmaß, also ohne genau zu messen, ab, wer am meisten bzw. am wenigsten Pizza gegessen hat.
zu c) Füge die Stücke der einzelnen Kinder zusammen und vergleiche. Du kannst auch eine Skizze auf einem Blockblatt machen.

a) Wer hat jeweils am meisten gegessen? Schreibe auf die Linien.

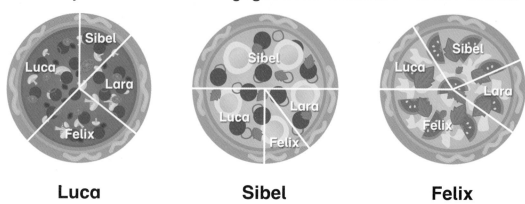

Luca **Sibel** **Felix**

b) Wer hat jeweils am wenigsten gegessen?

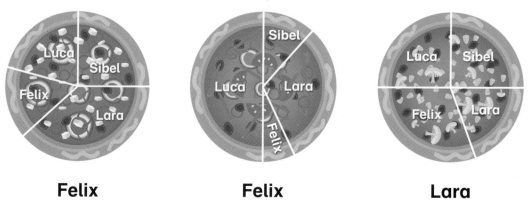

Felix **Felix** **Lara**

c) Wer hat von den 3 Pizzen aus Aufgabe a insgesamt am meisten gegessen?

Sibel

Wer hat von den 3 Pizzen aus Aufgabe b insgesamt am wenigsten gegessen?

Felix

2 Familie Fuchs hat einen Schokokuchen gegessen.

Lars hat das kleinste Stück gegessen.

Mutter und Karin haben zusammen die Hälfte des Kuchens gegessen.

Mutter hat mehr gegessen als Karin.

Das größte Stück hat Vater gegessen.

Julia hat mehr gegessen als ihr Bruder, aber weniger als ihre Schwester Karin.

Schreibe die Namen richtig in die Legende.

Hinweis: Lies den Text genau. Du kannst ihn auch mehrmals lesen. Ordne zuerst eindeutige Aussagen zu, beschrifte also das kleinste Stück mit „Lars" und das größte Stück mit „Vater". Prüfe dann, welche Stücke zusammen die Hälfte des Kuchens ausmachen. Das größere dieser beiden Stücke kannst du der Mutter und das kleinere Karin zuordnen. Nun ist noch ein Stück übrig, das zu Julia passt. Denn sie hat damit mehr gegessen als ihr Bruder Lars und weniger als ihre Schwester Karin.

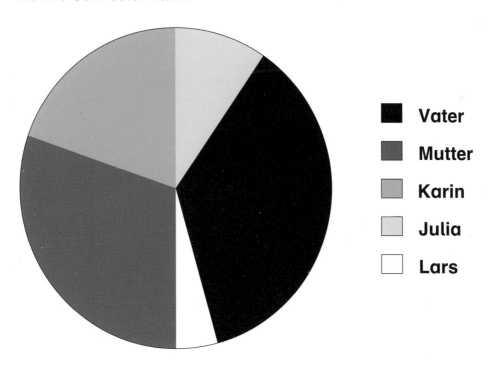

3 In einem Beutel befinden sich drei verschiedenfarbige Gummibärchen: ein weißes (**W**), ein rotes (**R**) und ein grünes (**G**). Du ziehst mit einem Griff 2 Gummibärchen heraus.

Hinweis: Gehe systematisch vor. Schreibe auf, mit welchen Farben du ein weißes Gummibärchen kombinieren kannst. Notiere dann, welche Kombinationsmöglichkeiten es mit einem roten Bärchen gibt. Achte darauf, dass z. B. W – R und R – W dieselben Kombinationen sind.

Wie viele Möglichkeiten von Bärchenpaaren gibt es? Schreibe alle auf.

W–R, W–G, R–G → Es gibt drei Möglichkeiten.

4 Tim und Max würfeln mit 2 Spielwürfeln. Max wettet mit seinem Freund Tim, dass er schneller die Augensumme 6 würfelt als Tim die Augensumme 10. Sie würfeln die Spielwürfel nacheinander.

Hinweis: Wenn du die gewürfelten Augenzahlen der beiden Würfel addierst, ergibt das die Augensumme. Jede Augensumme kann durch verschiedene Kombinationen entstehen. Die Augensumme 4 kann z. B. durch 1 + 3, aber auch durch 2 + 2 entstehen.

a) Unterstreiche in der Aufgabe oben das Wichtigste mit grünem Stift und Lineal. Nimm dir zwei Spielwürfel und würfle. Zeichne alle Möglichkeiten für die Augensumme von Max und die Augensumme von Tim auf.

b) Kontrolliere die Notizen von Max und Tim. Haben sie jeweils alle Möglichkeiten für ihre Augensummen gefunden? Schreibe daneben.

Max: 2 + 4, 3 + 3, 5 + 1   **4 + 2, 1 + 5**

Tim: (6/4), (5/5)   **(4/6)**

 c) Wer wird die Wette **wahrscheinlich** gewinnen? Begründe.

Max wird die Wette wahrscheinlich gewinnen, weil er mit seiner Augensumme 6 mehr Möglichkeiten hat, die gewürfelt werden können.

5 a) Auf dem Schulfest der Berg-Grundschule gibt es ein Gewinnspiel mit einem Glücksrad. Was ist richtig? Kreuze an.

Hinweis: Je häufiger eine Farbe vertreten ist, desto wahrscheinlicher ist, dass sie gewinnt. Grau ist z. B. 3-mal so oft vertreten wie Schwarz, also ist es wahrscheinlich, dass Grau eher gewinnt als Schwarz.

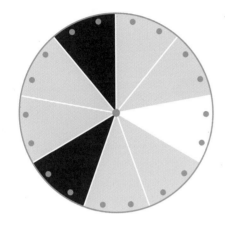

☐ Es ist unmöglich, dass Weiß verliert.

☐ Es ist möglich, dass Grün oder Grau gewinnt.

☒ Es ist wahrscheinlich, dass Grau eher gewinnt als Schwarz.

☒ Es ist sicher, dass Rot nicht gewinnt.

☒ Es ist unwahrscheinlich, dass Weiß gewinnt.

b) Welches Glücksrad passt zu welcher Aussage? Verbinde.
Tipp: Eine Aussage passt zweimal.

Hinweis: Wenn das Glücksrad nur aus weißen Flächen besteht, ist es sicher, dass Weiß gewinnt. Wären noch andere Farben vertreten, könnten auch diese gewinnen.
Dass Grau oder Schwarz gewinnt, ist möglich, wenn beide Farben auf dem Glücksrad vertreten sind.
Es ist nur dann unmöglich, dass Weiß gewinnt, wenn das Glücksrad keine weiße Fläche hat.

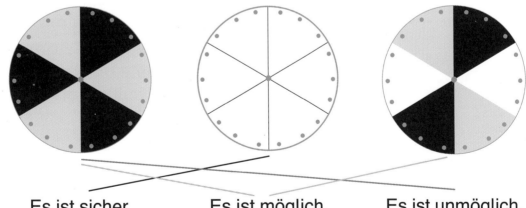

Lösungen – Daten, Häufigkeiten und Wahrscheinlichkeiten • Niveau B

c) Male die Glücksräder mit Weiß, Grau und Schwarz passend an.

Hinweis: Es ist sicher, dass Grau gewinnt, wenn das Glücksrad nur aus grauen Feldern besteht.
Es ist möglich, dass Schwarz gewinnt, wenn das Glücksrad schwarze, aber auch andersfarbige Flächen hat. Hier gibt es mehrere Lösungsmöglichkeiten.
Es ist unmöglich, dass Schwarz gewinnt, wenn keine der Flächen auf dem Glücksrad schwarz ist. Auch hier gibt es mehrere Lösungsmöglichkeiten.

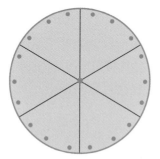
Es ist sicher, dass Grau gewinnt.

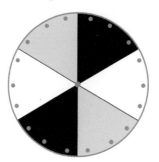
Es ist möglich, dass Schwarz gewinnt.

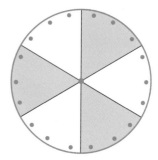
Es ist unmöglich, dass Schwarz gewinnt.

d) Male das Glücksrad mit 2 verschiedenen Farben aus. Beide Farben sollen die gleichen Gewinnchancen haben. Ist das möglich oder unmöglich? Begründe deine Entscheidung.

Hinweis: Du kannst das Glücksrad mehrmals auf ein Blockblatt übertragen und durch Ausprobieren herausfinden, ob du gleich viele Flächen in jeweils 2 unterschiedlichen Farben anmalen kannst.

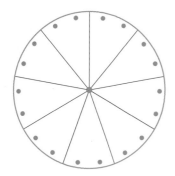

Das ist unmöglich, weil das Glücksrad eine ungerade Anzahl an Flächen hat. Damit bei 2 Farben die Gewinnchancen gleich sind, müsste die Anzahl der Flächen durch 2 teilbar, also gerade sein.

Notizen

Notizen

Mathematik | Deutsch | Englisch

Grundschule

Das **Gute-Noten-Programm** für die Grundschule

TOP VORBEREITET:
Von der 1. Klasse bis zum Übertritt an weiterführende Schulen

www.stark-verlag.de

Ihre Anregungen sind uns wichtig!

Liebe Kundin, lieber Kunde,

der STARK Verlag hat das Ziel, Sie effektiv beim Lernen zu unterstützen. In welchem Maße uns dies gelingt, wissen Sie am besten. Deshalb bitten wir Sie, uns Ihre Meinung zu den STARK-Produkten in dieser Umfrage mitzuteilen.

Unter *www.stark-verlag.de/ihremeinung* finden Sie ein Online-Formular. Einfach ausfüllen und Ihre Verbesserungsvorschläge an uns abschicken. Wir freuen uns auf Ihre Anregungen.

www.stark-verlag.de/ihremeinung